Cuisine petit budget

250 recettes testées, goûtées et appréciées

FIRST Editions

Sommaire

Apéros et snacks

Rillettes de thon

Pour 4
Préparation : 5 min
Réfrigération : 1 h
Difficulté : * *

• 1 bol • 1 fourchette

INGRÉDIENTS :

- 1 boîte de thon au naturel ou à l'huile
- 1 cuil. à café d'échalote déshydratée
- 1 cuil. à café de ciboulette
- 3 cuil. à soupe de fromage blanc
- 1 cuil. à soupe d'huile d'olive
- 1 cuil. à soupe de jus de citron
- sel – poivre

Écrasez le thon à la fourchette et mélangez-le bien avec tous les ingrédients. Entreposez au frais pendant 1 heure avant de servir sur des toasts grillés ou avec des crudités.

Vous pouvez aussi remplacer le fromage blanc par du fromage à tartiner et mixer le tout pour obtenir une crème de thon plus onctueuse et plus fine.

Tartines d'œufs à la suédoise

Pour 4
Préparation : 15 min
Cuisson : 8 min
Difficulté : * *

• 1 casserole
• 1 bol • 1 fourchette

INGRÉDIENTS :

- 4 belles tranches de pain noir
- 3 œufs
- 1 petit oignon
- 3 cuil. à soupe d'aneth ciselé
- 2 cuil. à soupe de mayonnaise
- 2 cuil. à soupe de fromage blanc
- 50 g de raisins secs noirs
- sel – poivre

Portez de l'eau à ébullition et plongez-y les œufs. Laissez-les durcir pendant 8 minutes. Rafraîchissez-les sous l'eau froide avant de les écaler. Épluchez l'oignon et hachez-le très finement. Écrasez les œufs durs avec une fourchette et ajoutez successivement l'oignon, l'aneth, la mayonnaise, le fromage blanc, et enfin les raisins secs. Salez et poivrez et laissez macérer 15 minutes pour permettre aux raisins secs de se gorger d'eau.

Coupez les tartines en deux et recouvrez-les du mélange aux œufs.

Pour varier, vous pouvez aussi utiliser du pain de la veille passé au grille-pain ou bien de la pâte à tarte préalablement cuite.

Pour 4
Préparation : 7 min
Cuisson : 36 min
Difficulté : * *

- 1 casserole
- 1 plaque à four
- papier sulfurisé

INGRÉDIENTS :

- 50 g de beurre demi-sel
- 90 g de farine
- 2 œufs
- 80 g d'abondance râpé
- 75 g de jambon en dés
- 2 pincées de piment d'Espelette
- poivre

APÉROS ET SNACKS

Gougères à l'abondance

Dans une casserole, faites bouillir 18 cl d'eau avec le beurre. Hors du feu, ajoutez la farine en une fois, mélangez. Remettez sur le feu et faites dessécher la pâte, il ne faut plus qu'elle colle aux parois de la casserole, cela ne prend que quelques secondes.

Retirez du feu, incorporez les œufs un par un en mélangeant bien. Intégrez les 3/4 du fromage râpé, les dés de jambon, le piment et un peu de poivre, mélangez jusqu'à obtenir une pâte homogène. Préchauffez le four à 200 °C (th. 7).

Sur une plaque à four recouverte de papier sulfurisé, formez des boules de pâte bien espacées, déposez le fromage râpé restant sur le dessus. Préparez une à deux fournées selon la taille de la plaque.

Enfournez pour 30 minutes jusqu'à ce que les gougères soient bien dorées. Servez chaud ou tiède.

variante

Osez d'autres fromages : comté, cheddar, parmesan, etc.

truc de cuisinier

Vous pouvez réaliser des mini-gougères : formez alors de plus petites boules de pâte et réduisez le temps de cuisson.

Pour 6/8
Préparation : 30 min
Réfrigération : 3 à 4 h
Difficulté : * *
€ € € €

- 1 économe
- 1 presse-ail
- 1 mixeur
- 1 saladier

INGRÉDIENTS :

- 1 l de jus de tomates
- 125 g de petites crevettes cuites décortiquées
- 2 petites tomates
- 1 concombre
- 1 poivron
- 3 oignons nouveaux avec leur tige
- 2 gousses d'ail
- 3 cuil. à soupe de vinaigre de vin rouge
- 3 cuil. à soupe d'huile d'olive
- 1 pointe de piment ou de Tabasco®
- 10 brins de coriandre
- sel
- poivre du moulin

Gaspacho aux crevettes et à la coriandre

Pelez le concombre et coupez-le en petits tronçons. Épluchez l'ail et les oignons, et écrasez l'ail. Lavez et épépinez le poivron. Lavez les tomates et éliminez le pédoncule. Mixez tous ces légumes en purée fine.

Dans un grand saladier, mélangez la purée de légumes au jus de tomates et assaisonnez avec le vinaigre, l'huile d'olive, du sel et du poivre, le piment ou le Tabasco®.

Laissez reposer au réfrigérateur pendant 3 à 4 heures pour que les saveurs se révèlent.

Répartissez le gaspacho dans des verres ou des assiettes creuses, ajoutez les petites crevettes décortiquées et décorez avec quelques brins de coriandre ciselés. Servez très frais.

variante

Agrémentez ce gaspacho de croûtons aillés et de quelques dés de légumes parmi ceux qui le composent.

truc de cuisinier

Ce gaspacho se déguste très frais, aussi n'hésitez pas à ajouter 1 ou 2 glaçons dans chaque verre. Vous pouvez aussi le servir givré par grandes chaleurs.

Makis épicés au surimi

Pour 4
Préparation : 30 min
Cuisson : 25 min
Difficulté : * * *

- 1 casserole
- 1 passoire
- 1 poêle
- 1 bol
- papier absorbant
- 1 natte en bambou

INGRÉDIENTS :

- 200 g de riz pour sushis (ou riz rond)
- 4 feuilles de nori (algues séchées)
- 2 cuil. à soupe de vinaigre de riz
- 300 g de bâtonnets de surimi
- 2 cuil. à soupe de graines de sésame
- 2 cuil. à soupe de mayonnaise
- 1/2 cuil. à café de piment
- 1/2 cuil. à café de wasabi

Pour accompagner :
- sauce soja
- wasabi
- gingembre en saumure

APÉROS ET SNACKS

Rincez le riz et faites-le cuire dans le double de son volume d'eau jusqu'à évaporation. Versez le vinaigre et laissez refroidir.

Coupez les feuilles de nori en deux dans le sens de la largeur. Faites-les rapidement griller d'un côté dans une poêle ou au-dessus d'une flamme. Séchez le surimi avec du papier absorbant et coupez chaque bâtonnet en deux dans l'épaisseur. Mélangez la mayonnaise avec le piment, le wasabi et les graines de sésame.

Posez une demi-feuille de nori sur la natte en bambou, le côté le plus large vers vous. Répartissez 2 à 3 cuillerées à soupe de riz sur la demi-feuille d'une manière régulière et pressez avec les doigts pour faire adhérer. Étalez dessus un peu de mayonnaise épicée, puis posez 1 bâtonnet de surimi à 3 cm du bord, sur toute la largeur de la feuille.

Roulez la feuille de nori en même temps que la natte en bambou en exerçant des pressions régulières pas trop fortes, jusqu'au bout. Enlevez la natte, coupez les bords du rouleau pour l'égaliser, puis détaillez-le en 4 ou 6 makis.

Répétez ces opérations pour toutes les demi-feuilles de nori. Servez les makis bien frais, accompagnés de petites coupelles de sauce soja, wasabi et gingembre en saumure.

variante

Remplacez les bâtonnets de surimi par des miettes de surimi ou par du thon en boîte.

truc de cuisinier

Si votre rouleau n'est pas très réussi du premier coup, c'est normal. Il vous faudra un peu de pratique pour acquérir le fameux coup de main des maîtres du sushi.

APÉROS ET SNACKS

Crackers

Pour 4 à 6
Préparation : 15 min
Cuisson : 12 min
Repos : 1 h
Difficulté : *

- 1 rouleau à pâtisserie
- 1 plaque à pâtisserie
- 1 emporte-pièce

INGRÉDIENTS :

- 140 g de farine
- 60 g de parmesan
- 15 cl de lait
- 30 g de beurre tempéré
- 1 cuil. à café de sel

Mélangez la farine, le sel, le parmesan et 12 cl de lait, ajoutez le beurre coupé en parcelles.

Pétrissez jusqu'à ce que la pâte soit bien lisse. Couvrez d'un torchon et laissez reposer 1 heure au réfrigérateur.

Préchauffez le four à 180 °C (th. 6). Étalez finement la pâte, piquez la surface avec les dents d'une fourchette. Découpez des formes avec un emporte-pièce. Badigeonnez les crackers avec le lait restant. Enfournez pour 12 minutes.

Feuilletés à l'emmenthal

Pour 4
Préparation : 5 min
Cuisson : 10 min
Difficulté : *

- 1 pâque à pâtisserie

INGRÉDIENTS :

- 125 g d'emmenthal râpé
- 1 pâte feuilletée prête à cuire

Préchauffez le four à 180 °C (th. 6).

Déroulez la pâte feuilletée sur la plaque de cuisson, saupoudrez d'emmenthal, tassez légèrement pour que le fromage adhère à la pâte.

Avec la pointe d'un couteau, quadrillez la pâte de manière à obtenir des rectangles de 2 × 5 cm. Enfournez pour 10 minutes jusqu'à ce que les feuilletés soient dorés.

Détachez les feuilletés les uns des autres quand ils sont encore chauds.

Pour 4 (16 toasts)
Préparation : 15 min
Cuisson : 1 h
Difficulté : * *
€ € € €

- 1 grand plat à gratin
- 1 fourchette
- 1 pinceau

INGRÉDIENTS :

- 1 poivron jaune
- 1 poivron rouge
- huile d'olive
- 1 petite baguette aux céréales ou un petit pain de campagne aux céréales
- 8 fines tranches de jambon de Parme
- 1 branche de basilic

Toasts aux poivrons rôtis

Préchauffez le four à 180 °C (th. 6). Coupez les poivrons en 2, épépinez-les et ôtez les parties blanchâtres. Détaillez-les de manière à obtenir des bandes de 5 cm de large.

Étalez les bandes de poivrons (peau au-dessus) dans un plat à gratin et arrosez-les d'huile d'olive. Enfournez pour 1 heure environ, puis sortez-les et détachez la peau délicatement à l'aide d'une fourchette.

Découpez dans la baguette 16 tranches fines d'environ 1/2 cm d'épaisseur, badigeonnez-les de l'huile du plat à gratin au pinceau. Coupez les tranches de jambon de Parme en 2. Ciselez le basilic.

Déposez sur chaque toast un morceau de poivron rouge, un morceau de poivron jaune, le jambon de Parme et un peu de basilic ciselé. Dégustez tiède ou froid.

variante

Faites rôtir des tomates coupées en 4 et arrosées d'huile d'olive au four pendant 2 heures 30 à 3 heures à 100 °C (th. 3/4), retournez celles qui sèchent et saupoudrez d'1 pincée de sucre. Ajoutez un filet d'huile d'olive avant de placer sur les toasts.

truc de cuisinier

N'utilisez que des poivrons jaunes, rouges ou orange, car la saveur des verts est moins sucrée.

Vous pouvez faire rôtir vos légumes la veille : conservez-les au frais dans une boîte hermétique, avec de l'huile d'olive et 1 gousse d'ail.

Pour 4
Préparation : 20 min
Réfrigération : 1h
Cuisson : 15 min
Difficulté : * *

- 1 poêle antiadhésive
- 1 casserole
- 4 verrines

INGRÉDIENTS :

- 90 g de courgettes
- 40 g de poivron jaune
- 40 g de poivron rouge
- 40 g de poivron vert
- 25 g d'aubergine
- 2 c. à s. d'huile d'olive
- 50 g de pignons de pin
- 4 branches de basilic frais
- sel – poivre du moulin

Confit de légumes provençaux

Lavez les légumes et coupez-les avec leur peau en cubes d'1/2 cm.

Dans une poêle bien chaude, versez un peu d'huile d'olive et faites cuire les courgettes pendant 3 minutes afin qu'elles soient encore un peu croquantes. Réservez dans une casserole. Faites cuire les 3 poivrons pendant 3 à 4 minutes, puis ajoutez-les dans la casserole. Terminez par la cuisson des aubergines, que vous ajouterez au reste.

Essuyez la poêle, faites-la chauffer à sec, puis versez les pignons de pin afin de les dorer. Ne quittez pas la poêle des yeux, car ils se colorent très vite. Ajoutez les pignons dorés au contenu de la casserole. Ciselez très finement quelques feuilles de basilic et ajoutez-les aux légumes.

Au moment de servir, réchauffez le confit dans la casserole avec un peu d'huile d'olive pendant 5 minutes. Assaisonnez à votre goût, versez dans des verrines et ajoutez quelques feuilles de basilic pour la décoration. Servez.

variante

Vous pouvez servir accompagné de chantilly de basilic : mixez 25 cl de crème liquide, les feuilles d'1 bouquet de basilic et une cuillerée à soupe d'huile d'olive. Filtrez dans une passoire fine et versez dans un siphon avec 2 cartouches de gaz. Placez au frais pendant 2 heures, puis servez la chantilly sur les verrines de légumes.

truc de cuisinier

Équipez-vous d'un coupe-légumes alligator : cet appareil permet de couper rapidement les légumes en dés ou en bâtonnets de taille parfaitement régulière. Il existe différentes tailles de grille.

Bonbons chèvre,
tomate & basilic

Pour 4 (20 bonbons)
Préparation : 15 min
Cuisson : 8 à 10 min
Difficulté : * *

- 1 pinceau de cuisine
- 1 plaque de cuisson
- piques ou cure-dents

INGRÉDIENTS :

- 20 tomates cerise
- 2 feuilles de filo
- 2 bûchettes de fromage de chèvre frais de 200 g
- 1 gros bouquet de basilic frais
- 50 g de beurre fondu

Préchauffez le four à 180 °C (th. 6). Coupez les tomates cerise en 2. Découpez chaque feuille de filo en 10 rectangles réguliers. Taillez 10 tranches de fromage dans chaque bûche. Rincez et effeuillez le basilic.

Entourez chaque tranche de fromage de 2 feuilles de basilic frais, puis des 2 coques de tomate. Empaquetez chaque cerise garnie dans un rectangle de filo. Pliez comme pour faire un papier cadeau et piquez d'un cure-dent.

Déposez chaque bonbon sur la plaque de cuisson. Badigeonnez les bonbons d'un peu de beurre fondu à l'aide d'un pinceau. Faites cuire 8 à 10 minutes au four.

Bonbons fourme
d'Ambert & noix

Pour 4 (20 bonbons)
Préparation : 15 min
Cuisson : 5 min
Difficulté : * *

- 1 pinceau de cuisine
- 1 plaque de cuisson
- piques ou cure-dents

INGRÉDIENTS :

- 200 g de fourme d'Ambert
- 40 cerneaux de noix
- 2 feuilles de filo
- 50 g de beurre fondu

Préchauffez le four à 180 °C (th. 6).

Découpez 20 cubes de fourme d'Ambert approximativement de la taille des cerneaux de noix. Entourez chaque cube de fromage de 2 cerneaux de noix. Façonnez-les entre vos mains pour que le fromage s'arrondisse.

Découpez 20 carrés de pâte filo de 5 cm de côté environ. Placez les noix garnies au centre des carrés, repliez les angles de la pâte sur les noix, piquez-les avec une pique ou un cure-dent pour fixer la pâte. Déposez les bonbons au fromage sur une plaque de cuisson. Badigeonnez-les légèrement de beurre fondu à l'aide d'un pinceau. Faites cuire 5 minutes à four chaud.

Panisses de Nice

Pour 4
Préparation : 30 min
Réfrigération : 4 h
Cuisson : 27 min
Difficulté : * *
€

- 1 saladier
- 1 casserole
- 1 poêle antiadhésive
- 1 plat ou 1 moule d'environ 18 × 13 cm
- film alimentaire
- 1 fouet
- papier absorbant

INGRÉDIENTS :

- 125 g de farine de pois chiches
- 15 g de beurre
- huile d'olive
- 1 cuil. à soupe d'herbes de Provence
- fleur de sel
- poivre du moulin

Pour la sauce :

- 1 yaourt type Fjord® ou brebis
- herbes fraîches ciselées (ciboulette, cerfeuil, estragon)

Dans un saladier rempli de farine de pois chiches, versez très doucement et sans cesser de fouetter 25 cl d'eau froide jusqu'à l'obtention d'un mélange très homogène. Dans une casserole, portez à ébullition 25 cl d'eau avec le beurre et un filet d'huile d'olive. Quand l'eau bout, versez dessus la farine diluée et laissez cuire à feu doux pendant 20 minutes en remuant très régulièrement.

Ajoutez alors les herbes de Provence et salez. Huilez votre moule, versez-y la pâte (sur à peu près 1,5 cm d'épaisseur) en la tassant bien, de manière à ce que le dessus soit lisse et régulier. Recouvrez d'un film étirable et réfrigérez pour 4 heures au minimum.

Démoulez la pâte et, à l'aide d'un couteau, réalisez de grosses frites dedans. Déposez-les sur un papier absorbant afin d'enlever le surplus de gras. Faites chauffer 2 cuillerées à soupe d'huile d'olive dans une poêle antiadhésive et faites cuire vos panisses jusqu'à ce qu'elles soient bien dorées et croustillantes sur chaque face (environ 7 minutes).

Épongez-les à nouveau, salez et poivrez généreusement. Servez les panisses très chaudes, accompagnées d'une petite sauce que vous réaliserez en mélangeant un yaourt de brebis à des herbes fraîches ciselées.

variante

Mettez de la cive ou de la ciboule dans votre pâte et des oignons nouveaux, tiges comprises, dans votre sauce.

truc de cuisinier

Préparez la pâte à panisses la veille, la préparation sera alors plus ferme, et donc plus facile à poêler.

Pour 4
Préparation : 30 min
Repos : 30 min
Cuisson : 2 min
Difficulté : * *
€

- 3 casseroles
- 1 passoire
- 1 mixeur
- 1 cuillère
- 1 écumoire
- papier absorbant
- petits pics à brochettes

INGRÉDIENTS :

- 200 g de morue salée
- 3 cuil. à soupe de lait
- 20 g de levure de boulanger
- 1/2 bouquet de persil plat
- 2 tiges d'oignons frais
- 2 gousses d'ail dégermées
- 1/2 cm de piment lanterne antillais
- 100 g de farine
- 1 œuf
- le jus d'1/2 citron vert
- 50 cl d'huile de friture

Acras de morue

Faites pocher la morue dans une casserole d'eau bouillante pendant 5 minutes, égouttez-la dans une passoire et rincez-la à l'eau claire. Renouvelez cette opération 3 fois en changeant l'eau. Retirez ensuite la peau et les arêtes, puis émiettez-la.

Dans une petite casserole, faites chauffer le lait à feu très doux et ajoutez la levure. Effeuillez le persil, coupez l'oignon frais et ses tiges vertes en petits morceaux, hachez l'ail et le morceau de piment. Versez dans le bol d'un mixeur en ajoutant le lait tiède, la farine, la levure, l'œuf, la morue émiettée et le jus de citron vert. Mixez jusqu'à l'obtention d'une pâte molle, que vous laisserez reposer 30 minutes à température ambiante.

Dans une grande casserole, faites chauffer l'huile de friture. à l'aide d'une cuillère, prélevez des noix de pâte et faites-les frire pendant 2 minutes jusqu'à ce qu'elles soient bien dorées.

Sortez les acras à l'aide d'une écumoire et égouttez-les sur du papier absorbant pour retirer l'excédent de graisse. Servez aussitôt.

variante

Vous pouvez remplacer les oignons frais par de la cive (variété d'oignon blanc avec des tiges au goût plus prononcé que la ciboulette), comme aux Antilles, et ajouter du thym.

truc de cuisinier

Dessalez la morue la veille en la plongeant dans un saladier d'eau froide et en renouvelant l'eau 3 fois, ou achetez de la morue surgelée pour éviter le dessalage.

Soupe glacée acidulée
pomme-concombre

Pour 4
Préparation : 5 min
Difficulté : * *

€

- 1 économe
- 1 mixeur blender
- 4 verrines

INGRÉDIENTS :

- 1 pomme du Limousin (ou granny-smith)
- 100 g de concombre
- 10 cuil. à soupe de lait fermenté ou 1 yaourt velouté
- 1 échalote
- 1 cuil. à soupe d'huile d'olive
- 2 glaçons
- 1 goutte de Tabasco® (facultatif)

Épluchez la pomme, coupez-la en quartiers et ôtez son trognon.

Épluchez le concombre et épépinez-le. Épluchez, puis émincez l'échalote.

Versez tous les ingrédients dans votre blender et mixez jusqu'à l'obtention d'une soupe bien lisse.

Ajoutez les glaçons et, pour plus de piquant, le Tabasco®. Mixez à nouveau et servez immédiatement dans des verrines.

Velouté de potiron
au lait de coco

Pour 4
Préparation : 10 min
Cuisson : 30 min
Difficulté : * *

€

- 1 casserole
- 1 mixeur blender
- 4 verrines

INGRÉDIENTS :

- 500 g de potiron
- 10 cl de lait de coco
- 1 cuil. à café de curcuma
- fleur de sel
- poivre du moulin
- quelques copeaux de noix de coco ou feuilles de coriandre (facultatif)

Pelez le potiron, ôtez les graines et coupez la chair en morceaux. Déposez les morceaux de potiron dans une casserole et couvrez d'eau à hauteur. Faites cuire à feu moyen pendant 30 minutes environ.

Mixez ensuite le tout de manière à obtenir un velouté bien lisse. Ajoutez le lait de coco, puis le curcuma, du sel et du poivre. Goûtez et rectifiez l'assaisonnement.

Servez bien chaud dans des verrines et décorez par exemple avec des copeaux de noix de coco ou des feuilles de coriandre.

Pour 4 (8 croques)
Préparation : 10 min
Cuisson : 10 min
Difficulté : * *

- 1 bol
- 1 casserole
- cure-dents
- papier absorbant

INGRÉDIENTS :

- 4 saucisses de Strasbourg
- 8 mini-saucisses (ou saucisses rondes)
- 70 g de beurre mou
- 30 g de moutarde forte de Dijon
- 16 tranches rondes de pain de mie
- 130 g de fromage râpé

APÉROS ET SNACKS

Croque-dog

Préchauffez le four sur la position gril. Portez de l'eau à ébullition dans une casserole. Dès qu'elle bout, retirez la casserole du feu et plongez-y toutes les saucisses. Laissez-les gonfler 5 minutes, puis égouttez-les sur du papier absorbant.

Dans un bol, mélangez le beurre mou avec la moutarde. Tartinez-en généreusement 8 toasts. Recouvrez d'un peu de fromage râpé. Coupez les saucisses de Strasbourg en 2 dans la longueur, puis dans l'épaisseur.

Placez 2 quarts de saucisse sur un toast au fromage, couvrez avec un soupçon de fromage et recouvrez le tout d'un toast de pain non beurré. Renouvelez l'opération pour réaliser au total 8 croque-dog. Déposez une couche de fromage sur le dessus des croques et passez-les sous le gril de votre four pendant 5 minutes environ.

Quand le fromage a bien fondu et commence à colorer, sortez les croques du four. Piquez-les d'un cure-dent et d'1 mini-saucisse. Servez immédiatement.

variante

Vous pouvez aussi opter pour d'autres variétés de saucisses, comme les petites anglaises à griller. Vous pouvez utiliser de la moutarde en grains à l'ancienne ou du condiment Savora®.

truc de cuisinier

Laissez les mini-saucisses dans l'eau chaude jusqu'à ce que vos croques soient prêts.

Roulades de volaille
tandoori

Pour 4
Préparation : 10 min
Marinade : 2 h
Cuisson : 20 min
Difficulté : * *

- 1 casserole
- 1 plat creux
- ficelle de cuisine
- papier sulfurisé

INGRÉDIENTS :

- 1 escalope de volaille de 130 g
- 30 g de pâte tandoori ou 1 c. à s. d'épices en poudre
- 10 cl de lait de coco
- le jus d'1/2 citron
- 4 tiges de coriandre

Déposez votre escalope de volaille sur une planche de travail, couvrez-la d'une feuille de papier sulfurisé et, à l'aide d'un maillet (ou d'une casserole), tapez énergiquement dessus afin qu'elle devienne extrafine.

Tartinez ensuite l'escalope de pâte tandoori, puis roulez-la bien serrée sur elle-même en vous aidant de ficelle de cuisine : formez un boudin attaché à trois endroits.

Dans un plat creux, versez le lait de coco, le jus de citron et le reste de pâte tandoori. Déposez la roulade de volaille dans la marinade et placez au frais au moins 2 heures.

Préchauffez le four à 180 °C (th. 6). Transvasez la roulade et sa marinade dans une papillote confectionnée avec du papier sulfurisé et enfournez pour 20 minutes. Panez ensuite la roulade dans des feuilles de coriandre ciselées et coupez-la en tranches fines. Servez tiède ou froid.

Salade rafraîchissante
de mangue

Pour 4
Préparation : 10 min
Marinade : 2 h
Difficulté : * *

- 1 saladier
- 4 verrines

INGRÉDIENTS :

- 1 échalote
- 2 rondelles d'oignon rose
- 4 branches de coriandre
- 1 mangue ferme
- le jus d'1 citron
- 1 cuil. à soupe d'huile d'olive (ou de tournesol)
- 1 pincée de piment (facultatif)

Ciselez très finement l'échalote, l'oignon rose et les feuilles de coriandre. épluchez la mangue et découpez la chair en petits dés.

Versez le tout dans un saladier, puis arrosez de jus de citron et d'huile. Pimentez à votre goût et laissez mariner au frais au moins 2 heures pour que les parfums se mélangent.

Servez dans de jolies verrines individuelles. Cette salade très rafraîchissante se marie bien avec un plat épicé.

Pour 4
Préparation : 10 min
Cuisson : 10 min
Difficulté : *

- 1 poêle avec couvercle
- 1 spatule
- 1 plat

INGRÉDIENTS :

- 8 tranches de pain de mie
- 80 g de beurre
- 4 tranches de fromage fondu spécial croque-monsieur
- 2 tranches de jambon blanc un peu épaisses
- 100 g de gruyère ou de comté râpé
- 1 cuil. à soupe d'huile neutre
- poivre du moulin

Croque-monsieur

Beurrez légèrement l'intérieur des tranches de pain de mie, étalez le fromage fondu et 1/2 tranche de jambon sur 4 tranches, poivrez puis parsemez de fromage râpé. Recouvrez avec le pain restant en appuyant pour faire adhérer l'ensemble, beurrez légèrement le dessus des croques.

Faites chauffer 25 g de beurre dans la poêle avec un filet d'huile, déposez les croque-monsieur sur le côté non beurré et faites-les dorer à feu moyen pendant environ 3 minutes.

À l'aide d'une spatule, retournez-les pour les faire dorer de l'autre côté, 3 minutes à nouveau. Appuyez avec la spatule sur le dessus des croque-monsieur afin que le fromage fonde plus rapidement.

Transférez les croques dans un plat, découpez-les en triangles ou en carrés et servez-les chauds avec une salade bien assaisonnée.

variante

Remplacez le beurre par du fromage de chèvre, le fromage fondu par des tranches de fromage de brebis, de pecorino ou tout autre fromage à pâte dure, le jambon blanc par du jambon cru, de la coppa, de la bressaola, du serrano, des magrets de canard séchés ou fumés…

truc de cuisinier

Utilisez un couteau à pain pour trancher facilement les croque-monsieur.

Pour 4
Préparation : 25 min
Cuisson : 35 min
Difficulté : * *

• 1 mixeur • 1 casserole
• 1 saladier

INGRÉDIENTS :

- 250 g de blancs de dinde ou de poulet
- 200 g de jambon cru
- 130 g de chapelure blonde
- 375 g de pulpe de tomates
- 50 g de parmesan râpé
- 2 œufs – 1 oignon – 1 gousse d'ail – 2 c. à s. de persil frisé haché – le jus d'1/2 citron
- 2 c. à s. d'huile d'olive
- sel et poivre du moulin

Boulettes à la volaille et au parmesan

Préparez la sauce tomate. Mettez l'huile d'olive à chauffer dans une casserole. Ajoutez l'oignon finement émincé et faites-le cuire à feu moyen pendant 5 minutes. Versez par-dessus la pulpe de tomates. Salez, poivrez et laissez cuire 5 minutes supplémentaires.

Épluchez l'ail, ôtez-en le germe, et pressez-le. Hachez finement le jambon et le blanc de volaille au mixeur. Battez les œufs en omelette dans un bol à l'aide d'une fourchette. Récupérez le hachis de viande et transvasez-le dans un saladier. Ajoutez le persil, l'ail et la chapelure puis mélangez bien. Salez et poivrez, citronnez le mélange puis ajoutez les œufs en remuant.

Façonnez des boulettes avec cette préparation. Roulez-les dans le parmesan râpé. Mettez-les à mijoter 20 minutes environ dans la casserole contenant la sauce tomate. Servez saupoudré de parmesan et accompagné de riz.

Pour 4
Préparation : 20 min
Cuisson : 20 min
Difficulté : *

• 1 hachoir • 1 mixeur • 1 poêle
• 1 saladier • 1 tamis ou 1 passoire fine • 1 écumoire

INGRÉDIENTS :

- 400 g de restes de poulet rôti, sans la peau – 100 g de chapelure blonde – 160 g de pois chiches en conserve
- 4 gousses d'ail, dégermées et écrasées – 1 œuf
- 2 c. à s. de persil plat ciselé
- 1/2 c. à c. de cumin en poudre
- huile pour friture
- sel et poivre du moulin

Croquettes de poulet aux pois chiches et au cumin

Hachez finement les restes de poulet. Égouttez les pois chiches et réduisez-les en purée à l'aide d'un mixeur. Passez cette purée au tamis, de manière à enlever les petites peaux.

Mélangez-la dans un saladier avec le poulet haché. Incorporez l'œuf, l'ail écrasé, le persil et le cumin. Salez et poivrez. Mélangez bien le tout et formez des croquettes de la grosseur d'une noix. Roulez-les dans la chapelure.

Faites chauffer l'huile de friture dans une grande poêle. Plongez-y les croquettes en 3 ou 4 fournées, puis laissez-les cuire 5 minutes, jusqu'à ce qu'elles soient suffisamment dorées. Retirez-les à l'aide d'une écumoire puis égouttez-les sur du papier absorbant plié en deux. Servez accompagné de salade verte ou de crudités.

Toasts à la rémoulade
de surimi

Pour 4
Préparation : 15 min
Cuisson : 2 min
Difficulté : * *
€

- 1 saladier
- 1 fouet
- 2 bols
- 1 grille-pain

INGRÉDIENTS :

- 4 larges tranches de pain aux céréales
- 200 g de miettes de surimi
- 50 g de céleri-rave finement râpé
- 1 oignon rouge
- 1 cuil. à café de sucre
- 20 g de beurre mou
- 2 cuil. à soupe de ciboulette hachée
- 1 cuil. à soupe de mayonnaise
- 2 cuil. à soupe de mascarpone
- 1/2 cuil. à café de raifort
- 1/2 cuil. à café de moutarde
- sel
- poivre blanc du moulin

Épluchez l'oignon et coupez-le en rondelles dont vous séparerez les anneaux. Placez-les dans un bol et saupoudrez-les de sucre, de sel et de poivre, mélangez et réservez.

Placez le céleri râpé et les miettes de surimi dans un saladier et mélangez intimement avec la mayonnaise, le mascarpone, le raifort et la moutarde jusqu'à obtenir une consistance bien homogène.

Dans un bol, fouettez le beurre avec la moitié de la ciboulette et salez-le. Toastez légèrement les tranches de pain et beurrez-les.

Étalez la rémoulade, parsemez de ciboulette hachée et terminez par les anneaux d'oignon sucrés. Donnez un tour de moulin à poivre et dégustez.

variante

Vous pouvez de la même façon préparer des toasts à la rémoulade de crevettes finement coupées ou de crabe et de radis noir râpé.

truc de cuisinier

Accompagnez ces toasts de tranches de tomates, de rondelles de cornichons sucrés (malossol) et de câpres au vinaigre.

Pour 4 (8 cigares)
Préparation : 25 min
Cuisson : 17 à 20 min
Difficulté : * *

• 1 hachoir ou 1 mixeur • 1 poêle
• 1 plaque de cuisson • 1 bol
• 1 pinceau • 1 économe • 1 râpe

INGRÉDIENTS :

- 8 feuilles de filo
- 300 g d'épaule d'agneau
- 10 feuilles de menthe
- 1 courgette
- le jus d'1 citron jaune
- 1 c. à s. de ras-el-hanout
- 1 c. à c. de cannelle
- 1 œuf – 2 gousses d'ail
- 10 cl d'huile d'olive
- 2 c. à s. de lait – sel

Cigares à l'agneau et à la menthe

Hachez l'épaule d'agneau. Pelez la courgette et râpez-la finement. Rincez et effeuillez la menthe, puis hachez-la grossièrement. Pelez et écrasez les gousses d'ail.

Préparez la farce : dans une poêle, faites chauffer 5 cl d'huile d'olive, ajoutez l'ail, puis l'agneau. Faites saisir à feu doux la viande, puis mettez la courgette et les épices. Laissez cuire 5 minutes, ajoutez le jus de citron et la menthe hachée. Retirez du feu et laissez refroidir. Dans un bol, mélangez la farce avec l'œuf. Salez. Préchauffez le four à 180 °C (th. 6).

Superposez 2 par 2 les feuilles de filo, puis découpez chaque paquet en 2 rectangles égaux. Déposez un peu de farce sur chaque rectangle, puis roulez la feuille sur elle-même en serrant bien. Mélangez l'huile d'olive restante avec le lait, badigeonnez-en chaque cigare. Placez les cigares sur la plaque de cuisson et faites cuire 12 à 15 minutes.

Pour 4 (8 cigares)
Préparation : 10 min
Cuisson : 10 à 12 min
Difficulté : * *

• 1 plaque de cuisson
• 1 pinceau • 1 bol

INGRÉDIENTS :

- 1 boîte de 300 g de sardines à l'huile
- 4 c. à s. de persil haché
- 2 c. à s. de coriandre hachée
- 1 c. à c. de gingembre en poudre
- 100 g de fromage frais type Saint-Môret® – 8 feuilles de filo
- 1 c. à s. de lait
- 2 c. à s. d'huile d'olive
- sel – poivre

Cigares de sardines au persil et à la coriandre

Écrasez les sardines à la fourchette, puis mélangez-les dans un bol avec les herbes, le gingembre et le fromage frais. Salez, poivrez légèrement. Préchauffez le four à 180 °C (th. 6).

Superposez les feuilles de filo 2 par 2, puis coupez chaque paquet en 2 rectangles égaux. Déposez un peu de farce à la sardine sur chacun des 8 rectangles de pâte obtenus. Roulez les cigares en serrant bien. Placez-les sur la plaque de cuisson.

Mélangez le lait et l'huile d'olive, puis badigeonnez-en les cigares. Faites cuire les cigares au four pendant 10 à 12 minutes.

Tortillas à la saucisse

Pour 4
Préparation : 15 min
Cuisson : 30 min
Difficulté : * *

- 1 casserole
- 1 poêle
- papier d'aluminium

INGRÉDIENTS :

- 4 tortillas
- 4 saucisses de Francfort
- 2 cuil. à soupe de coriandre fraîche ciselée

Pour la sauce chili :

- 2 échalotes
- 2 gousses d'ail
- 1 poivron vert
- 2 tomates
- 4 cuil. à soupe de haricots rouges cuits
- 2 cuil. à soupe d'huile d'olive
- sel – poivre

Épluchez et émincez les échalotes et l'ail. Rincez le poivron, épépinez-le et coupez-le en petits dés. Plongez les tomates 2 minutes dans une casserole d'eau bouillante. Épluchez et épépinez-les, puis taillez-les en cubes.

Faites chauffer l'huile dans une poêle et faites-y revenir les échalotes, l'ail et le poivron pendant 8 à 10 minutes. Salez et poivrez. Ajoutez les tomates et poursuivez la cuisson 5 minutes. Intégrez alors les haricots rouges égouttés et prolongez encore de 5 minutes. Retirez du feu.

Enveloppez les tortillas dans du papier d'aluminium et faites-les chauffer au four à 200 °C (th. 7) pendant 5 à 7 minutes. En même temps, faites cuire les saucisses dans une casserole d'eau bouillante.

Déposez 1 saucisse au milieu de chaque tortilla et recouvrez de sauce chili. Parsemez d'un peu de coriandre ciselée, roulez et servez.

variante

Pour des saveurs plus « hot », ajoutez 1 piment vert épépiné et finement haché.

truc de cuisinier

Coupez ces tortillas en petits tronçons pour l'apéritif ou servez-les en plat principal sur un lit de salade, avec du riz blanc et des haricots rouges.

APÉROS ET SNACKS

Pour 4
Préparation : 15 min
Cuisson : 10 min
Difficulté : * *

- 16 mini-brochettes
- 1 emporte-pièce rond
- 1 casserole

INGRÉDIENTS :

- 8 tranches de pain de mie complet – 200 g de comté
- 2 tranches de jambon de Paris braisé – 1 oignon
- 16 petits cornichons
- 16 œufs de caille
- 3 feuilles de salade frisée
- 2 c. à s. de moutarde forte
- sel – poivre du moulin

Mini-brochettes parisiennes

Mettez les œufs de caille dans une casserole d'eau froide salée et faites-les durcir pendant 5 minutes à partir du début de l'ébullition. Laissez refroidir, écalez, salez et poivrez.

Découpez avec l'emporte-pièce 16 rondelles d'environ 4 cm de diamètre dans le pain de mie. Découpez 16 cubes dans le fromage et 16 carrés dans le jambon. Coupez les feuilles de frisée en morceaux équivalents aux disques de pain, puis épluchez l'oignon et coupez-le en rondelles.

Montez les brochettes en commençant par le pain badigeonné de moutarde, puis la feuille de salade, le comté, le jambon, l'œuf de caille et terminez par le cornichon et 1 ou 2 rondelles d'oignon.

Donnez un tour de moulin à poivre et servez nature, ou avec de la mayonnaise ou de la moutarde.

Pour 4
Préparation : 15 min
Réfrigération : 30 min
Difficulté : * *

- 16 mini-brochettes
- 1 saladier
- film plastique étirable

INGRÉDIENTS :

- 1 pomelo rose
- 1 mangue
- 150 g de magret fumé
- 1 c. à s. de vinaigre balsamique
- 2 c. à s. d'huile d'olive
- 6 belles branches de menthe
- sel – poivre

Pomelo et mangue au magret fumé

Épluchez le pomelo à vif en débarrassant la chair des membranes intérieures puis dégagez les quartiers et récupérez le jus qui s'écoule. Épluchez la mangue, éliminez le noyau et coupez la chair en quartiers réguliers.

Retirez le gras des magrets fumés et effeuillez les brins de menthe. Ciselez les grosses feuilles et réservez celles qui sont petites et tendres pour la décoration.

Versez le jus de pomelo, le vinaigre et l'huile d'olive dans le saladier. Mélangez avec du sel et du poivre et incorporez la menthe ciselée. Ajoutez les fruits et le magret. Tournez délicatement puis recouvrez d'un film plastique étirable et réservez au frais pendant 30 minutes.

Embrochez les fruits en les entourant de magret d'une façon harmonieuse. Décorez chaque brochette d'une petite feuille de menthe et servez.

Poulet en croûte de sésame

Pour 4
Préparation : 10 min
Réfrigération : 30 min
Cuisson : 10 min
Difficulté : * *
€ € € €

- 8 mini-brochettes
- 1 planche en bois
- 1 couteau bien aiguisé
- 1 saladier
- 1 assiette plate
- 1 assiette creuse
- 1 poêle antiadhésive

INGRÉDIENTS :

- 250 g de blanc de poulet
- 1 œuf
- 1 c. à s. de farine
- 1 c. à s. de graines de sésame blanches
- 1 c. à s. de graines de sésame noires
- 3 c. à s. d'huile végétale

Pour la sauce teriyaki

- 2 c. à s. de sauce soja
- 1 c. à s. de mirin (alcool de riz doux)
- 2 c. à s. de saké
- 1 c. à s. de sucre
- 1 gousse d'ail épluchée et écrasée

Mélangez dans le saladier tous les ingrédients de la sauce teriyaki puis coupez les blancs de poulet en carrés et incorporez-les à la sauce. Mélangez et laissez mariner 30 minutes au frais.

Mélangez dans une assiette plate les deux sortes de graines de sésame et la farine. Battez l'œuf dans une assiette creuse.

Retirez les morceaux de poulet de leur marinade et trempez-les dans l'œuf battu avant de les rouler dans les graines de sésame puis embrochez le poulet en croûte sur 8 mini-brochettes.

Faites chauffer l'huile végétale dans la poêle et faites-y cuire les brochettes de poulet près de 8 à 10 minutes en les arrosant avec leur marinade. Retournez-les régulièrement pour les dorer sur toutes les faces.

variante

Vous pouvez préparer de la sorte de la viande de bœuf, du canard ou de la dinde.

truc de cuisinier

Vous trouverez tous les ingrédients dans une épicerie asiatique ou dans le rayon exotique de votre grande surface. Toutefois, vous pouvez acheter la sauce teriyaki déjà prête ou remplacer le mirin par du vin blanc sec et le saké par du cognac ou de l'armagnac.

Entrées

Pour 4
Préparation : 15 min
Difficulté : * *

- 1 bol
- 1 mixeur

INGRÉDIENTS :

- 2 avocats bien mûrs
- 4 oignons frais
- 4 tranches de jambon cru
- 12 tomates cerise
- 2 cuil. à soupe de coriandre ciselée (éventuellement surgelée)
- 100 g de cacahuètes
- 3 cuil. à soupe d'huile d'arachide
- 2 cuil. à soupe de jus de citron
- sel – poivre

ENTRÉES

Salade d'avocat
au jambon cru

Ouvrez les avocats, retirez les noyaux et coupez la chair en dés. Déposez-la dans un bol, arrosez de jus de citron.

Pelez les oignons et émincez-les. Coupez les tranches de jambon en lanières. Coupez les tomates cerise en 2. Mixez grossièrement les cacahuètes.

Rassemblez les dés d'avocat, les oignons émincés, les lanières de jambon, les tomates cerise et l'huile d'arachide. Salez et poivrez.

Mélangez, servez dans des assiettes et parsemez de coriandre ciselée et de cacahuètes mixées.

variante

Pour apporter un peu de fraîcheur à cette salade, vous pouvez ajouter quelques dés de concombre et un peu de menthe ciselée.

truc de cuisinier

La chair de l'avocat noircit rapidement. Pour éviter ce désagrément, il est recommandé de l'arroser de jus de citron.

Pour 4
Préparation : 20 min
Cuisson : 10 min
Repos : 10 min
Difficulté : * *

- 1 presse-agrumes
- 1 mixeur
- 1 wok
- 1 planche

INGRÉDIENTS :

- 300 g de rumsteck de bœuf
- 8 brins de coriandre
- 8 brins de menthe
- 1 échalote hachée
- quelques feuilles de laitue
- 150 g de pois gourmands
- 2 courgettes
- 1 c. à s. de cacahuètes grillées
- 4 c. à s. d'huile
- poivre

Pour la sauce :
- 3 citrons verts pressés
- 1/2 gousse d'ail
- 2 c. à s. de sauce soja
- 2 c. à s. de nuoc-mâm
- 1 pincée de piment rouge en poudre
- 2 c. à s. de cassonade
- 1 c. à c. de sel

Salade de bœuf thaïe
à la cacahuète

Mettez le jus des citrons dans le bol d'un mixeur avec l'ail, la cassonade, le nuoc-mâm, la sauce soja et le piment. Mixez pendant 2 minutes. Nettoyez la laitue et coupez-la en gros morceaux. Coupez les courgettes en bâtonnets.

Dans un wok, versez 1 cuillerée à café de sel et faites-le fortement chauffer. Posez 1 minute de chaque côté la viande. Laissez-la refroidir sur une planche, puis coupez le bœuf en très fines tranches.

Dans le wok, faites chauffer l'huile. Lorsqu'elle commence à fumer, mettez les bâtonnets de courgettes et les pois gourmands. Faites revenir 5 minutes sans cesser de remuer. Poivrez et laissez refroidir.

Mettez la salade dans un plat ovale. Faites tremper le bœuf dans la sauce pendant 5 minutes juste avant de servir. Posez sur la salade les courgettes, les pois gourmands et le bœuf. Ajoutez l'échalote et les herbes effeuillées et hachées. Terminez en parsemant de quelques cacahuètes.

variante

Vous pouvez remplacer les courgettes et les pois gourmands par des haricots verts et des brocolis.

truc de cuisinier

Il est important que le wok soit très chaud pour saisir fortement la viande et tout de suite la griller.

Pour 4
Préparation : 11 min
Difficulté : *

- 1 bol
- 1 saladier
- 1 planche à découper
- 1 couteau

INGRÉDIENTS :

- 1 boîte de 400 g de pois chiches cuits
- 100 g de feta
- 80 g d'olives vertes
- 60 g d'abricots secs moelleux
- 7 brins de coriandre
- 35 g de pistaches crues émondées
- 2 c. à s. d'huile d'olive
- 2 c. à s. de vinaigre balsamique – sel – poivre

Salade de pois chiches,
feta, olives & abricots

Égouttez et rincez les pois chiches. Coupez la feta, les olives et les abricots en morceaux. Ciselez la coriandre.

Mélangez l'huile d'olive, le vinaigre balsamique, du sel et du poivre.

Réunissez les pois chiches, la feta, les olives, les abricots, les pistaches et la coriandre, remuez. Assaisonnez avec la vinaigrette. Servez frais.

Pour 4
Préparation : 15 min
Cuisson : 2 min
Difficulté : *

- 1 saladier
- 1 planche à découper
- 1 couteau
- 1 poêle

INGRÉDIENTS :

- 65 g de fenouil
- 100 g de céleri-branche
- 230 g de concombre
- 2 oignons nouveaux
- 100 g de comté
- 40 g de pignons de pin

Pour la vinaigrette :

- 3 c. à s. d'huile de tournesol
- 3 c. à s. de vinaigre de framboise
- 3 c. à c. de miel – sel – poivre

Salade verte
sucrée-salée

Pelez le concombre, épépinez-le. Taillez en brunoise le fenouil, le céleri-branche, le comté, les oignons nouveaux et le concombre. Mélangez tous les ingrédients de la vinaigrette avec du sel et du poivre.

Au dernier moment, faites dorer les pignons de pin à sec dans une poêle. Mélangez la salade avec la vinaigrette, ajoutez les pignons de pin. Servez.

Pour des croûtons maison à ajouter sur la salade : coupez 2 tranches de pain de mie en dés et faites-les griller 6 minutes dans un four préchauffé à 200 °C (th. 7).

Pour 4
Préparation : 20 min
Cuisson : 30 min
Difficulté : * *

- 1 économe
- 1 sauteuse
- 1 batteur électrique

INGRÉDIENTS :

- 1 l de soupe de poisson
- 1 carotte
- 1 poireau
- 1 échalote
- 2 branches de thym
- 3 feuilles de laurier
- 2 cuil. à soupe de crème fraîche épaisse
- 2 cuil. à soupe de whisky
- 1 branche d'estragon
- 2 pincées de paprika
- 2 cuil. à soupe d'huile d'olive
- 20 cl de crème liquide
- sel – poivre

ENTRÉES

Cappuccino de soupe de poisson

Épluchez et émincez la carotte, l'échalote et le poireau. Faites-les suer 5 minutes dans l'huile d'olive chauffée dans une sauteuse. Ajoutez le thym et le laurier. Mouillez de 20 cl d'eau et laissez cuire à feu doux pendant 20 minutes.

Versez la soupe de poisson et la crème épaisse ; mélangez.

Lorsque l'ensemble commence à bouillonner, retirez du feu, versez le whisky chaud et flambez en approchant une allumette. Assaisonnez avec l'estragon finement ciselé et 1 pincée de paprika.

Fouettez la crème liquide en une chantilly très mousseuse. Salez, poivrez et aromatisez avec 1 pincée de paprika. Vous pouvez dresser cette soupe dans des verrines, en mettant d'abord un peu de surimi émietté, puis en versant dessus la crème de poisson. Nappez ensuite d'1 cuillerée de crème fouettée et servez très chaud.

variante

Remplacez la soupe de poisson par de la bisque de homard et le surimi par du crabe émietté selon l'occasion.

truc de cuisinier

Pour conserver la chaleur, faites chauffer les verrines au micro-ondes ou trempez-les dans de l'eau très chaude.

Pour 4
Préparation : 10 min
Cuisson : 35 min
Difficulté : * *

- 1 casserole
- 1 mixeur
- 1 poêle
- 1 planche à découper

INGRÉDIENTS :

- 1 courge butternut
- 1 cube de bouillon
- 6 champignons de Paris
- 4 tranches de pain
- 1 rocamadour
- 1 c. à s. d'huile d'olive
- sel – poivre
- fleur de sel

Velouté de butternut, champignons & rocamadour

Pelez et épépinez la courge. Coupez-la en morceaux. Faites-la cuire dans 1 l d'eau avec le cube de bouillon pendant 25 minutes. Retirez la moitié du bouillon et mixez la courge. Goûtez, salez et poivrez au besoin. Réservez au chaud.

Coupez les champignons en tranches. Poêlez-les 8 minutes avec l'huile d'olive et du sel. Faites griller le pain. Tartinez chaque tranche d'1/4 de rocamadour, puis coupez chaque tranche en 2.

Versez le velouté dans 4 bols. Ajoutez les champignons. Parsemez de fleur de sel. Servez avec les tartines au rocamadour. Dégustez sans attendre.

Pour 4
Préparation : 15 min
Cuisson : 25 min
Difficulté : * *

- 1 mixeur
- 1 casserole

INGRÉDIENTS :

- 1 céleri-rave (environ 850 g)
- 15 cl de crème liquide
- 2 yaourts au lait de brebis natures (250 g)
- 4 tranches de jambon cru
- 1 cube de bouillon
- sel – poivre

Velouté de céleri, yaourt de brebis & jambon cru

Pelez le céleri et coupez-le en morceaux. Mettez-le à cuire dans une casserole avec 1 l d'eau et le cube de bouillon pendant 25 minutes. Égouttez le céleri en réservant le bouillon. Mixez le céleri avec la crème et du bouillon (ajoutez-en jusqu'à ce que la consistance vous convienne). Goûtez, rectifiez l'assaisonnement en sel et poivre.

Salez et poivrez le yaourt. Coupez le jambon en lanières.

Dans 4 assiettes creuses, versez le yaourt au centre, ajoutez le velouté tout autour et répartissez le jambon dessus. Servez sans attendre.

Soupe aux vermicelles

Pour 4
Préparation : 10 min
Cuisson : 13 min
Difficulté : *

- 1 économe
- 1 casserole

INGRÉDIENTS :

- 100 g de vermicelles
- 3 carottes
- 2 jeunes poireaux
- 1 noix de beurre
- 1/2 cuil. à café de coriandre en poudre
- 60 cl de bouillon de volaille
- 1 feuille de laurier
- 4 cuil. à soupe de lait frais entier – sel – poivre

Épluchez les carottes et coupez-les en petits dés. Ôtez le pied et les premières feuilles des poireaux et émincez finement les blancs.

Faites chauffer le beurre dans la casserole et faites-y fondre les légumes sans les laisser colorer. Saupoudrez de coriandre, mouillez avec le bouillon de volaille agrémenté du laurier et laissez cuire 10 minutes. Ajoutez alors les vermicelles et prolongez la cuisson de 3 minutes.

Ôtez la feuille de laurier puis servez cette soupe chaude, allongée dans chaque bol d'1 cuillerée à soupe de lait.

Crêpes au fromage

Pour 4
Préparation : 20 min
Cuisson : 30 min
Difficulté : * *

- 1 saladier • 1 fouet
- 1 louche • 1 poêle
- 1 assiette • 1 casserole

INGRÉDIENTS :

- 100 g de farine – 2 œufs
- 25 cl de lait – 50 g de beurre

Pour la béchamel :

- 25 g de beurre doux
- 25 g de farine – 50 cl de lait
- 1 pincée de noix muscade
- 80 g de comté râpé
- quelques brins de ciboulette
- sel – poivre

Préparez la pâte à crêpes en fouettant les œufs avec la farine dans un saladier. Versez ensuite le lait en filet, et enfin le beurre fondu et tiédi. Versez une louche de pâte dans la poêle chaude et graissée et faites cuire la crêpe sur ses 2 faces. Déposez dans une assiette et couvrez pour maintenir au chaud. Répétez l'opération jusqu'à épuisement de la pâte.

Faites fondre le beurre dans une casserole et, dès qu'il mousse, saupoudrez-le de farine. Quand le mélange paraît sableux, délayez petit à petit avec le lait sans cesser de remuer et jusqu'à ce que la sauce épaississe.

Salez, poivrez, ajoutez la muscade, le fromage râpé et la ciboulette ciselée. Mélangez et déposez une grosse cuillerée de béchamel au milieu de chaque crêpe. Refermez-la en la ficelant avec 1 brin de ciboulette.

Pour 4 (30 madeleines)
Préparation : 10 min
Cuisson : 10 min
Difficulté : * *
€

- 1 poêle antiadhésive
- 1 spatule
- 1 saladier
- 1 fouet
- 1 cuillère à café
- 1 moule à mini-madeleines en silicone

INGRÉDIENTS :

- 50 g d'allumettes de lardons fumés
- 30 g de Vache qui rit®
- 20 g de beurre fondu
- 1 œuf
- 70 g de farine
- 1/2 sachet de levure chimique
- 2 cuil. à soupe de lait

Mini-madeleines aux lardons

Préchauffez le four à 200 °C (th. 7). Faites revenir les lardons dans une poêle à revêtement antiadhésif jusqu'à ce qu'ils soient colorés. Ajoutez alors le fromage de manière à ce qu'il fonde légèrement, et surtout qu'il s'enrobe de tous les sucs de cuisson.

Dans un saladier, mélangez le beurre fondu, l'œuf, la farine, la levure, le lait et fouettez énergiquement jusqu'à l'obtention d'une pâte homogène. Ajoutez alors le contenu de la poêle et remuez à nouveau.

À l'aide d'une cuillère à café, garnissez le moule à mini-madeleines et enfournez pour 10 minutes.

Démoulez les madeleines et présentez-les dans un joli plat. Servez-les tièdes ou froides.

variante

Vous pouvez parfumer votre pâte avec un peu de muscade ou de thym.

truc de cuisinier

Dès que les madeleines se colorent, sortez-les du four : trop dorées, elles deviendraient sèches.

Pour 4 (12 fatayers)
Préparation : 20 min
Cuisson : 17 à 20 min
Difficulté : * *

- 1 pinceau de cuisine
- 1 emporte-pièce rond
- 1 plaque de cuisson
- 1 bol

INGRÉDIENTS :

- 300 g d'oseille (surgelée ou en boîte)
- 1 cuil. à café rase d'ail en poudre
- 1 cuil. à soupe rase de ras-el-hanout
- 1 jaune d'œuf
- 6 feuilles de filo
- 50 g de beurre fondu
- sel – poivre

Fatayers à l'oseille

Préchauffez le four à 180 °C (th. 6). Faites cuire l'oseille à la vapeur (environ 5 minutes). Placez dans un bol l'oseille cuite, l'ail en poudre, le ras-el-hanout et le jaune d'œuf. Mélangez bien.

Déposez délicatement 1 feuille de filo sur le plan de travail, badigeonnez-la de beurre fondu, ajoutez une deuxième feuille sur la première, beurrez-la également, terminez par une troisième feuille également beurrée. À l'aide de l'emporte-pièce, découpez 6 cercles. Faites de même pour les 3 feuilles de filo restantes.

Au centre de chaque cercle, déposez 1 noix d'oseille, repliez la pâte pour former un tricorne.

Déposez les fatayers sur la plaque de cuisson, faites cuire 12 à 15 minutes au four.

variante

Vous pouvez ajouter 1 œuf dur coupé en tout petits dés dans l'oseille, cela lui donnera un peu plus de consistance.

truc de cuisinier

Prévoyez plus de feuilles de filo, car elles sont très friables et il est possible que vous en abîmiez en les découpant à l'emporte-pièce.

Flûtes au cheddar

Pour 4 (8 flûtes)
Préparation : 10 min
Cuisson : 10 min
Difficulté : * *

- 1 râpe à fromage
- 1 plaque de cuisson

INGRÉDIENTS :

- 100 g de cheddar
- 2 feuilles de filo
- quelques pincées de cumin en grains ou en poudre
- sel – poivre

Préchauffez le four à 200 °C (th. 7).

Râpez finement le cheddar. Découpez délicatement les feuilles de filo en 4 dans la largeur. Répartissez le cheddar râpé sur les feuilles de filo. Salez, poivrez et parsemez d'un peu de cumin.

Roulez les feuilles de filo sur elles-mêmes pour obtenir de petites flûtes. Placez-les sur la plaque de cuisson et faites cuire 10 minutes au four.

Camembert feuilleté en filo

Pour 4
Préparation : 10 min
Cuisson : 10 min
Difficulté : * *

- 1 plaque de cuisson

INGRÉDIENTS :

- 1 camembert à point
- 2 feuilles de filo
- sel – poivre

Préchauffez le four à 180 °C (th. 6).

Découpez le camembert en 8 parts. Salez, poivrez chaque part. Découpez les feuilles de filo en 4. Enroulez les morceaux de camembert dans la feuille de filo en les enfermant hermétiquement.

Placez les feuilletés sur la plaque de cuisson et faites cuire 10 minutes au four. Servez avec une salade bien assaisonnée.

Pour 4
Préparation : 40 min
Cuisson : 10 min
Difficulté : * *

€ € € €

- 2 saladiers
- 2 bols
- 1 wok

INGRÉDIENTS :

- 350 g d'épaule de porc
- 150 g de navets blancs
- 2 oignons
- 30 g de champignons noirs secs
- 30 g de champignons parfumés
- 100 g de germes de soja
- 2 œufs battus
- 150 g de vermicelles transparents
- 1 botte de ciboulette
- 30 feuilles de riz
- 1 botte de menthe
- 1 laitue
- nuoc-mâm
- huile de friture
- sel – poivre

Nems frits de Hanoi

Laissez tremper les champignons pendant 15 minutes dans de l'eau tiède. Faites de même pour les vermicelles. Hachez le porc. Épluchez et hachez les oignons. Épluchez les navets et coupez-les en petits dés. Ciselez la ciboulette. Hachez les germes de soja.

Égouttez les champignons et les vermicelles, puis hachez-les grossièrement. Dans un grand saladier, rassemblez tous ces ingrédients et les œufs. Salez et poivrez, mélangez.

Prévoyez un grand saladier d'eau chaude. Recouvrez le plan de travail d'un torchon. Commencez par façonner les nems. Plongez 1 feuille de riz quelques secondes dans l'eau afin qu'elle se ramollisse. Disposez-la sur le torchon et posez de la farce en son milieu (l'équivalent d'un boudin de la taille d'un doigt). Repliez sur la farce les côtés de la feuille de riz avant de la rouler sur elle-même. Répétez l'opération jusqu'à épuisement des ingrédients.

Faites frire les nems au wok dans de l'huile chaude 5 à 6 minutes. Ils doivent être bien dorés. Servez-les chauds avec des feuilles de laitue, de la menthe et du nuoc-mâm.

variante

Ces nems sont au porc, mais vous pouvez en faire de la même façon au poulet, aux crevettes ou aux légumes.

truc de cuisinier

Il n'est pas nécessaire de faire cuire les nems dans un bain d'huile ; un fond sera suffisant.

Pour 4
Préparation : 15 min
Cuisson : 15 min
Difficulté : * *

- 1 wok avec grille et couvercle
- 1 couteau d'office

INGRÉDIENTS :

- 1,5 l de moules
- 2 gousses d'ail
- 4 ciboules hachées (à défaut, 2 oignons nouveaux)
- 3 cm de gingembre frais épluché et râpé
- 2 c. à s. de sauce soja
- 1/2 botte de coriandre effeuillée
- 4 c. à s. d'huile végétale
- poivre

Moules au gingembre et ciboules

Nettoyez et ébarbez les moules (cela consiste à retirer les fils noirs qui dépassent de la coquille). Dans le wok, faites chauffer l'huile. Faites revenir l'ail, le gingembre et les ciboules pendant 2 minutes en remuant sans cesse. Ajoutez alors les moules. Enrobez-les bien, couvrez-les et baissez le feu. Laissez cuire 5 minutes.

Lorsque les moules s'ouvrent et perdent leur eau, retirez le couvercle et laissez encore cuire 5 minutes. Ajoutez la sauce soja, la coriandre, le poivre, mélangez bien et servez aussitôt.

Pour 4
Préparation : 15 min
Cuisson : 5 min
Difficulté : * *

- 1 couteau • 1 planche
- 1 wok • 1 fouet • 1 bol

INGRÉDIENTS :

- 500 g de crevettes crues et décortiquées
- 60 g de farine de blé
- 60 g de farine de riz
- 1 jaune d'œuf
- 8 c. à s. de sauce soja
- 8 c. à s. de mirin (saké utilisé en cuisine)
- 10 brins de ciboulette
- 20 cl d'huile de friture
- sel

Tempura de crevettes

Mélangez le soja et le mirin. Hachez la ciboulette et ajoutez-la à la sauce. Faites chauffer l'huile dans le wok. Dans un bol, fouettez le jaune d'œuf avec une pincée de sel, ajoutez ensuite les farines et versez petit à petit 20 cl d'eau glacée.

Trempez une à une les crevettes dans la pâte à beignets avant de les faire frire dans l'huile chaude (environ 180 °C). Laissez cuire 2 minutes, égouttez les tempuras sur du papier absorbant et servez aussitôt avec la sauce.

ENTRÉES

Pour 4
Préparation : 25 min
Cuisson : 20 min
Difficulté : * *

- 1 moule à raviolis (facultatif)
- 1 plat 1 poêle • 1 casserole
- 1 passoire • 1 fouet

INGRÉDIENTS :

- 250 g de pâte à raviolis
- 60 g de purée de tomates
- 2 c. à c. de concentré de tomate
- 30 g de parmesan râpé
- 2 amaretti ou macarons à l'ancienne – 1 c. à c. de sauce barbecue – 6 tomates
- 1 échalote – 2 c. à s. de basilic
- 1 pointe d'ail – 1 c. à c. de sucre
- 60 g de beurre – sel – poivre

Ravioles de tomates, parmesan, brunoise de tomates, basilic

Écrasez les biscuits, ajoutez la purée et le concentré de tomate, le parmesan et la sauce barbecue. Poivrez et mélangez. Garnissez les ravioles.

Pelez et épépinez les tomates, coupez-les en petits cubes. Dans une poêle, mettez 20 g de beurre, ajoutez l'échalote hachée, les cubes de tomates, l'ail, le sucre, salez et poivrez. Faites cuire à petit feu pendant 3 minutes.

Mettez de l'eau à bouillir, salez. Plongez les ravioles ; égouttez-les dès qu'elles remontent à la surface. Ajoutez le beurre en morceaux en fouettant. Versez les ravioles dans un plat, nappez de sauce. Saupoudrez de basilic haché. Servez immédiatement.

Pour 4
Préparation : 20 min
Cuisson : 40 min
Difficulté : *

- 1 moule pour 12 grands raviolis (facultatif)
- 1 plat en terre • 1 plat
- 2 casseroles • 1 passoire

INGRÉDIENTS :

- 300 g de pâte à raviolis
- 500 g de potimarron
- 100 g de beurre
- 2 amaretti ou 2 c. à s. de chapelure
- 60 g de parmesan râpé
- muscade râpée – sel – poivre

Raviolis de potimarron, beurre fondu et parmesan

Éliminez la peau du potimarron, lavez-le. Découpez-le en cubes de 3 cm et mettez-les dans un plat en terre. Pesez 30 g de beurre, répartissez de petites noisettes sur le plat. Enfournez 30 minutes à 180 °C (th. 6). Écrasez les biscuits amaretti et le potimarron cuit. Ajoutez 25 g de parmesan, de la muscade et du poivre. Mélangez cette farce et garnissez les raviolis.

Mettez de l'eau à bouillir, salez. Faites cuire les raviolis ; égouttez-les dès qu'ils remontent à la surface. Faites fondre le beurre restant. Versez les raviolis dans un plat, nappez-les de beurre fondu. Saupoudrez du reste de parmesan et servez immédiatement.

Pour 4
Préparation : 25 min
Cuisson : 10 min
Difficulté : * *
€ € € €

- 1 cuit-vapeur ou 1 casserole avec panier perforé
- 1 planche
- 1 poêle
- 1 bol
- 1 pinceau
- 1 emporte-pièce de 8 cm de diamètre

INGRÉDIENTS :

- 40 feuilles de pâte à raviolis chinois
- 100 g de petites crevettes décortiquées
- 40 g d'oignons chinois
- 20 g de beurre
- 1/2 c. à c. de baies de Sichuan écrasées ou de poivre noir
- 1 c. à c. de jus de citron
- 4 feuilles de laitue
- sauce nuoc-mâm
- purée de piment

Raviolis de crevettes

Lavez et ciselez finement les oignons chinois. Mettez le beurre à fondre dans une poêle et ajoutez-y les oignons ciselés. Faites-les cuire 2 minutes sans les colorer. Hachez les crevettes. Dans un bol, mélangez les crevettes, les oignons préparés, les baies et le jus de citron. Partagez la farce en 4 parts.

Déposez les feuilles de raviolis sur le plan de travail. Préparez de petites boules avec chaque part de farce. Posez 1 boule par feuille. Humidifiez les bords avec un pinceau. Recouvrez d'une seconde feuille. Soudez les bords en appuyant avec les doigts. Découpez en rond à l'emporte-pièce. Recommencez jusqu'à épuisement des ingrédients. Disposez les raviolis dans le panier du cuit-vapeur ou dans le panier, sans les superposer.

Lavez la laitue et ciselez-la. Répartissez-la sur 4 assiettes et placez dans un endroit frais.

Faites cuire les raviolis à la vapeur pendant 4 minutes. Placez-les délicatement sur la laitue. Servez sans attendre, avec la sauce nuoc-mâm et la purée de piment. Informez vos convives que la purée de piment est forte !

variante

Vous pouvez remplacer la laitue par des algues déshydratées : plongez-les 30 secondes dans l'eau bouillante, puis refroidissez-les à l'eau courante. Placez-les ensuite sous les raviolis avant la cuisson. Présentez les raviolis dressés sur les algues.

truc de cuisinier

À défaut d'emporte-pièce, découpez les raviolis en contournant un verre avec un couteau.

Salade de pommes de terre au cervelas

Pour 4
Préparation : 15 min
Cuisson : 15 min
Difficulté : *

- 1 casserole
- 1 mixeur
- 2 bols
- 1 saladier
- 1 économe

INGRÉDIENTS :

- 600 g de rattes
- 1 cervelas
- 1 botte de persil plat
- 2 cuil. à soupe d'huile d'olive
- 1 cuil. à soupe de poudre d'amandes
- 2 petites échalotes
- 1 cuil. à soupe de câpres
- 3 tiges d'oignons nouveaux
- 12 olives noires dénoyautées
- 1/2 cuil. à café de moutarde de Dijon
- 2 cuil. à soupe d'huile de tournesol
- 1 cuil. à soupe de vinaigre balsamique blanc
- sel – poivre du moulin

Faites bouillir de l'eau dans la casserole et faites-y cuire les pommes de terre pendant 10 à 15 minutes selon leur grosseur. Laissez-les refroidir avant de les éplucher et de les couper en 2 puis en 4. Réservez dans un saladier.

Lavez, séchez et effeuillez le persil. Placez-le dans le bol du mixeur avec la poudre d'amandes et l'huile d'olive. Broyez de façon à obtenir un pesto et réservez dans un bol.

Épluchez et émincez les échalotes. Réservez avec les tiges d'oignons nouveaux ciselées, les olives coupées en 2 et les câpres. Ôtez la peau du cervelas et tranchez-le en rondelles d'1 à 1,5 cm d'épaisseur. Recoupez-les en dés et ajoutez-les aux aromates. Préparez la vinaigrette en mélangeant la moutarde, l'huile de tournesol et le vinaigre. Salez et poivrez.

Mélangez aromates et pommes de terre puis arrosez la salade de vinaigrette. Ajoutez le pesto de persil au moment de servir et remuez une dernière fois avant de dresser dans les assiettes.

variante

La version alsacienne s'enrichit de dés d'emmental et de cœurs de laitue ciselés.

truc de cuisinier

Le cervelas ne contient pas un gramme de cervelle, il s'agit d'une grosse saucisse à base de porc que l'on peut réchauffer 3 minutes dans une eau frémissante.

Cheesecake au parmesan,
tomates rôties

Pour 4
Préparation : 7 min
Cuisson : 28 min
Réfrigération : 2 h 30
Difficulté : *
€ € € €

- 1 saladier
- 1 bol
- 1 casserole
- 4 moules à muffins en silicone

INGRÉDIENTS :

- 40 g de biscuits apéritifs salés
- 50 g de beurre doux
- 8 brins de ciboulette
- 30 cl de crème liquide allégée
- 40 g de parmesan râpé + quelques copeaux
- 2 feuilles de gélatine
- 2 petits-suisses
- 20 tomates cerise
- sel – poivre

Écrasez les biscuits. Faites fondre le beurre au micro-ondes. Ciselez la ciboulette. Mélangez les biscuits écrasés avec le beurre et la ciboulette. Tassez cette préparation au fond des moules à muffins. Placez au frais 30 minutes.

Mettez la gélatine à ramollir dans un bol d'eau froide. Faites chauffer la crème et le parmesan jusqu'à ce que ce dernier soit totalement fondu. Intégrez la gélatine égouttée, mélangez pour bien la dissoudre. Ajoutez les petits-suisses, remuez. Salez, poivrez.

Versez cette crème dans les moules sur les fonds biscuités. Laissez refroidir, puis faites prendre au frais 2 heures.

Préchauffez le four à 200 °C (th. 7) 30 minutes avant de servir. Mettez les tomates dans un plat et faites-les rôtir 20 minutes. Servez les cheesecakes démoulés avec des copeaux de parmesan et les tomates rôties.

variante

Sans base biscuitée, vous obtiendrez des panna cotta au parmesan. Vous pouvez aussi ajouter un peu de ciboulette ciselée dans la crème.

truc de cuisinier

Si vous n'avez pas de moules en silicone ou que vous avez peur que votre démoulage ne soit pas parfait, jouez plutôt la carte de la sécurité et utilisez des verrines.

Pour 4
Préparation : 15 min
Cuisson : 20 min
Difficulté : * *

- 1 casserole
- 1 plat à four
- 1 bol

INGRÉDIENTS :

- 8 grandes tranches de pain de mie complet
- 4 tranches de jambon blanc fines
- 4 cuil. à soupe de feuilles d'épinards cuites
- 4 œufs
- 4 cuil. à soupe de crème
- 4 cuil. à soupe de gruyère râpé
- 50 g de beurre
- sel – poivre

ENTRÉES

Croque florentin

Faites durcir les œufs à l'eau bouillante pendant 10 minutes, rafraîchissez-les, écalez-les, coupez-les en rondelles.

Préchauffez le four, th. 7 (210 °C). Beurrez les tranches de pain. Découennez et dégraissez le jambon.

Déposez sur une tranche de pain beurré une tranche de jambon pliée en deux, 1 cuillerée à soupe d'épinards, quelques rondelles d'œufs durs et recouvrez avec une tranche de pain beurré. Renouvelez l'opération pour les trois autres croques. Mettez-les dans le plat.

Mélangez dans un bol la crème et le fromage râpé avec un peu de sel et de poivre. Répartissez sur les croques et mettez au four. Laissez cuire pendant 5 minutes, puis passez sous le gril pour faire gratiner. Servez chaud.

variante

Remplacez le jambon par du haddock poché et effeuillé.

truc de cuisinier

Avant d'utiliser des épinards, qu'ils soient frais ou surgelés, veillez à bien les égoutter en les pressant entre vos mains.

Pour 4
Préparation : 15 min
Cuisson : 30 min
Difficulté : * *
€ € € €

- 1 casserole
- 1 toasteur
- 1 plat à four

INGRÉDIENTS :

- 4 grandes tranches de pain de campagne
- 16 tranches de bacon
- 8 tomates
- 4 tranches de comté
- 6 cuil. à soupe d'huile d'olive
- 2 gousses d'ail
- 1 cuil. à café de thym
- 1 pincée de sucre
- sel – poivre

Bruschetta au bacon et à la concassée de tomates

Pelez et épépinez les tomates, coupez-les en morceaux, mettez-les dans une casserole avec un peu de sel, de poivre, de thym, une pincée de sucre. Pelez les gousses d'ail, écrasez-les au presse-ail au-dessus de la casserole. Arrosez avec 2 cuillerées à soupe d'huile d'olive et faites cuire à feu très doux pendant 20 minutes en mélangeant souvent, puis écrasez à la fourchette.

Préchauffez le four, th. 7 (210 °C). Toastez les tranches de pain, badigeonnez-les d'huile, puis tartinez-les de concassée de tomates.

Disposez dessus 4 tranches de bacon et les tranches de comté.

Mettez au four et laissez cuire pendant 4 minutes, puis passez sous le gril pendant 3 à 5 minutes. Servez chaud ou tiède.

variante

Remplacez le comté par du chèvre ou du fromage à raclette.

truc de cuisinier

Vous pouvez préparer la concassée de tomates à l'avance et la conserver au réfrigérateur ou bien encore la congeler.

Pour 4
Préparation : 10 min
Difficulté : * *
€ € € €

- 1 saladier
- 1 toasteur

INGRÉDIENTS :

- 4 grandes tranches de pain complet aux noix
- 200 g de roquefort
- 75 g de beurre
- 125 g de cerneaux de noix
- 4 cl de cognac
- poivre du moulin

Tartine à la crème de roquefort et aux noix

Concassez grossièrement les cerneaux de noix. Travaillez le roquefort à la fourchette dans un saladier, avec le beurre, le cognac et un peu de poivre.

Incorporez les cerneaux de noix.

Toastez les tranches de pain, tartinez-les avec la crème de roquefort et servez avec une salade verte.

Pour 4
Préparation : 15 min
Cuisson : 10 min
Difficulté : * *
€ € € €

- 1 mixeur
- 1 plat à four

INGRÉDIENTS :

- 3 larges tranches de pain de campagne
- 4 c. à s. de tomates au naturel
- 4 gousses d'ail
- 5 filets d'anchois à l'huile
- 12 olives noires dénoyautées
- 50 g de parmesan râpé
- 2 branches de persil plat
- 4 c. à s. d'huile d'olive
- sel – poivre du moulin

Tartine anchois, tomate et parmesan

Préchauffez le four, th. 8 (240 °C).

Pelez les gousses d'ail, écrasez-les au-dessus du bol du mixeur. Ciselez le persil, ajoutez-le ainsi que les tomates concassées, l'huile, un peu de sel et de poivre et mixez pour obtenir une purée.

Tartinez les tranches de pain avec cette purée, déposez-les dans un plat à four.

Coupez les olives et les anchois en petits morceaux, répartissez-les sur les tranches de pain, saupoudrez-les de parmesan et passez sous le gril pendant 5 minutes environ, en surveillant la coloration.

Taboulé

Pour 4
Préparation : 15 min
Cuisson 10 min
Réfrigération : 15 min
Difficulté : *

- 1 saladier
- 1 casserole

INGRÉDIENTS :

- 100 g de boulgour
- 1 bouquet de persil plat
- 1 bouquet de menthe
- 3 tomates
- 1 oignon rouge
- 1/2 grenade
- 3 cuil. à soupe de jus de citron
- 4 cuil. à soupe d'huile d'olive
- sel de Guérande
- poivre du moulin

Faites chauffer une casserole d'eau salée avec 3 fois le volume de boulgour. Jetez-y les graines et laissez gonfler à feu doux pendant 10 minutes. Égouttez et laissez refroidir.

Lavez et essuyez le persil et la menthe. Hachez les herbes au couteau. Pelez les tomates, coupez-les en quartiers pour les épépiner et taillez-les en petits dés. Épluchez et hachez l'oignon rouge. Rassemblez le tout dans un saladier.

Préparez la vinaigrette en mélangeant l'huile d'olive et le jus de citron, salez et poivrez. Versez sur le taboulé et mélangez. Laissez reposer 15 minutes au réfrigérateur.

Pendant ce temps, récupérez les graines de grenade. Ajoutez-les au taboulé, mélangez délicatement et servez sans attendre.

variante

Avec du quinoa rouge, le taboulé joue l'effet surprise d'une recette bicolore.

truc de cuisinier

Le remède pour venir à bout de la grenade qui a le défaut de tout tacher, des mains au plan de travail, c'est le jus de citron et l'huile de coude !

Soufflé de radis noir
et parmesan

Pour 4
Préparation : 30 min
Cuisson : 40 min
Difficulté : * * *

- 2 saladiers
- 1 casserole
- 1 robot mixeur
- 1 batteur
- 1 fouet
- 1 moule à soufflé

INGRÉDIENTS :

- 1 kg de radis noirs
- 25 cl de lait
- 50 g de beurre demi-sel + 40 g pour le moule
- 50 g de farine + 50 g pour le moule
- 2 œufs
- 1 cube de bouillon de volaille
- 100 g de parmesan
- 2 branches d'estragon
- 1 c. à c. de fécule de maïs
- poivre blanc
- sel gris

Épluchez le radis noir et coupez-en 800 g. Versez 1,5 l d'eau dans une casserole avec le bouillon cube. Laissez infuser à feu moyen pendant 10 minutes. Remuez et ajoutez le radis. Laissez cuire à couvert 40 minutes. Le radis doit être très tendre. Mixez-le pour obtenir une purée. Émincez les feuilles d'estragon.

Dans une casserole, faites fondre le beurre. Quand il devient mousseux, ajoutez la farine. Laissez cuire à feu doux en remuant avec un fouet sans laisser colorer pendant 10 minutes. Ajoutez le lait. Salez et poivrez. Laissez cuire à feu doux 15 minutes. Mélangez la béchamel, les jaunes d'œufs battus, le parmesan, l'estragon et la purée de radis.

Préchauffez le four à 200 °C (th. 7). Montez les blancs en neige avec la fécule de maïs. Incorporez-les délicatement au mélange précédent.

Beurrez le moule à soufflé avec un pinceau, versez la farine à l'intérieur, secouez le moule pour qu'elle adhère aux parois, retirez l'excédent. Versez l'appareil à soufflé (radis et béchamel) dans le moule. Enfournez pour 20 minutes. Vous pouvez le servir avec une salade de roquette.

variante

Le radis noir est habituellement mangé cru en fines tranches. La cuisson l'adoucit. Vous pouvez le cuisiner en tranches fines, à la poêle avec de l'huile d'olive, une pincée de sucre et 10 cl d'eau.

truc de cuisinier

Pour réussir un soufflé, la préparation du moule est primordiale : il doit être bien beurré et fariné (vous pouvez remplacer la farine par de la chapelure fine), sans trace de doigts, qui empêcherait le soufflé de monter. N'ouvrez pas le four pendant la cuisson.

ENTRÉES

Hamburger de tomates ananas au chèvre frais

Pour 4
Préparation : 30 min
Cuisson : 15 min
Difficulté : * *

- 1 plaque de four
- 1 grille-pain
- papier sulfurisé

INGRÉDIENTS :

- 3 grosses tomates ananas ou cœur de bœuf
- 4 tranches de pain de campagne d'1 cm d'épaisseur
- 1 branche de basilic frais
- 40 g de chèvre frais
- 1 branche de thym frais
- 6 c. à s. d'huile d'olive
- 50 g de roquette
- sel – poivre

Préchauffez le four à 190 °C (th. 6/7). Lavez et coupez les tomates en 8 tranches d'1 cm d'épaisseur. Déposez-les sur la plaque de four recouverte de papier sulfurisé, saupoudrez de thym et salez, poivrez. Arrosez d'huile d'olive. Enfournez pour 15 minutes.

Faites griller les tranches de pain. Tartinez-les de chèvre frais en couche épaisse.

Déposez 1 tranche de tomate par assiette, recouvrez d'1 tranche de pain grillée et tartinée puis posez une seconde tranche de tomate délicatement. Parsemez de basilic ciselé, et arrosez d'huile d'olive. Servez ce hamburger végétarien très chaud, accompagné de roquette.

Carottes flambées au rhum blanc

Pour 4
Préparation : 5 min
Cuisson : 10 min
Difficulté : * *

- 1 poêle
- 1 casserole

INGRÉDIENTS :

- 16 carottes fanes très fines
- 1 c. à c. de sucre roux
- 1 c. à s. d'huile d'olive
- 5 cl de rhum blanc

Coupez les fanes en laissant 2 cm de tiges. Lavez et brossez les carottes. Faites chauffer l'huile d'olive dans une poêle, ajoutez les carottes. Laissez mijoter à feu doux en remuant la poêle. Ajoutez le sucre. Laissez légèrement caraméliser. Faites chauffer le rhum dans une casserole sur feu vif.
Quand il est chaud, versez-le sur les carottes et flambez-le hors du feu avec une allumette. Dégustez bien chaud.

Plats

Pour 4
Préparation : 10 min
Cuisson : 5 min
Difficulté : * *

- 1 grille-pain
- 1 essoreuse à salade
- 1 poêle à revêtement antiadhésif

INGRÉDIENTS :

- 8 tranches de pain de mie
- 8 tranches de bacon
- 2 tomates
- 4 cuil. à soupe de mayonnaise
- 8 feuilles de laitue

Sandwich bacon, laitue & tomate

Faites toaster les tranches de pain de mie dans le grille-pain. Lavez les tomates, essuyez-les et coupez-les en rondelles. Lavez la salade et essorez-la.

Faites chauffer une poêle à revêtement antiadhésif et faites revenir les tranches de bacon, jusqu'à ce qu'elles soient bien grillées.

Tartinez les tranches de pain de mayonnaise, garnissez-les de tranches de bacon, de tomates et de laitue.

Refermez les sandwichs et coupez-les en triangles avant de servir.

PLATS

Pour 4
Préparation : 15 min
Cuisson : 10 min
Difficulté : * *

- 1 poêle

INGRÉDIENTS :

- 8 tranches de pain de mie
- 1 gros blanc de poulet
- 50 g de beurre
- 1 cuil. à soupe de curry en poudre
- 1 cuil. à soupe d'huile d'olive
- 4 brins de coriandre
- sel

Sandwich poulet, curry & coriandre

Faites chauffer l'huile d'olive dans une poêle posée sur feu moyen. Faites-y cuire le blanc de poulet de chaque côté, jusqu'à ce qu'il soit bien coloré.

Découpez-le en très fines tranches. Salez et saupoudrez de curry.

Lavez la coriandre, séchez-la, effeuillez-la et ciselez-la.

Beurrez les tranches de pain de mie, garnissez-en la moitié de poulet et de coriandre. Refermez les sandwichs et coupez-les en triangles avant de déguster.

Pour 4
Préparation : 6 min
Difficulté : *
€ € € €

- 1 saladier
- 1 planche à découper
- 1 couteau
- 1 cercle d'environ 10 cm de diamètre

INGRÉDIENTS :

- 600 g de steak de bœuf haché au couteau
- 60 g de cornichons malossol à la russe
- 30 g d'oignons nouveaux
- 8 brins de coriandre
- 2 cuil. à soupe de sauce piccalilli
- sel
- poivre

PLATS

Tartare de bœuf piccalilli

Coupez en brunoise les cornichons et les oignons. Effeuillez et ciselez la coriandre. Réservez.

Mélangez la viande avec la sauce piccalilli, les cornichons et l'oignon. Goûtez, salez et poivrez à votre goût. Si le mélange vous semble un peu « sec », ajoutez quelques gouttes d'huile de tournesol.

Placez le cercle sur une assiette, ajoutez 1/4 de la préparation en tassant, puis retirez le cercle. Renouvelez l'opération pour toutes les assiettes.

Répartissez la coriandre sur chaque tartare. Servez avec l'accompagnement de votre choix.

variante

Snackez ces tartares très brièvement sur chaque face dans une poêle huilée.

truc de cuisinier

Vous pouvez hacher votre viande au couteau vous-même, mais cela prendra un peu plus de temps de préparation. Pour cela, utilisez un couteau très bien aiguisé.

La sauce piccalilli est un condiment anglais, assez relevé, à base de légumes en morceaux et de moutarde. On la trouve au rayon condiments.

Pour 4
Préparation : 8 min
Cuisson : 57 min
Difficulté : *

€ € € €

Tourte saumon
& cresson

- 1 mixeur
- 1 sauteuse
- 1 moule à manqué
- papier sulfurisé

INGRÉDIENTS :

- 2 rouleaux de pâte brisée
- 2 bottes de cresson
- 180 g de saumon frais
- 3 œufs
- 150 g de mascarpone
- 1 échalote
- 1 cuil. à soupe d'huile
- sel – poivre

Pelez et ciselez l'échalote. Rincez, égouttez et coupez le cresson au ras des queues. Faites dorer l'échalote dans une sauteuse huilée. Ajoutez le cresson et laissez-le totalement fondre, comme pour des épinards.

Détaillez le saumon en dés. Mixez le mascarpone, les œufs, le cresson, du sel et du poivre. Préchauffez le four à 180 °C (th. 6).

Découpez dans une pâte le gabarit du moule afin d'éviter un excès de pâte sur les côtés, réservez. Placez l'autre pâte dans le moule, piquez le fond, versez la préparation au cresson, répartissez les dés de saumon. Déposez la pâte réservée sur le dessus, scellez les deux pâtes en les pressant l'une contre l'autre avec les doigts.

Ménagez un petit trou au centre de la tourte et insérez une cheminée en papier sulfurisé. Enfournez pour 45 minutes. Servez chaud ou tiède.

variante

Ajoutez 100 g de gorgonzola ou de fromage de chèvre sur la garniture.

truc de cuisinier

Comme la crème au cresson est assez liquide, si un peu de préparation s'échappe au moment du montage, ce n'est pas grave. Si besoin, utilisez les chutes de pâte pour colmater le pourtour de la tourte.

Pour 4
Préparation : 15 min
Cuisson : 35 min
Difficulté : * *

- 1 grande poêle avec couvercle
- papier absorbant

Pizza napolitaine

INGRÉDIENTS :

- 1 pâte à pizza prête à cuire
- 1 oignon
- 2 c. à s. d'huile d'olive + 1 filet
- 1 petite boîte de tomates pelées
- 10 olives noires
- 1 boule de mozzarella
- 8 filets d'anchois dessalés
- 1 pincée d'origan
- sel – poivre du moulin

Faites revenir l'oignon émincé dans 1 cuillerée à soupe d'huile d'olive. Ajoutez les tomates pelées, salez et poivrez, faites réduire jusqu'à ce que la sauce soit onctueuse. Recoupez la pâte de manière à ce que son diamètre soit supérieur d'1 cm à celui du fond de la poêle.

Huilez la poêle et faites-la bien chauffer, puis disposez-y la pâte et laissez cuire pendant 4 minutes sur feu doux.

Retournez la pâte, répartissez dessus la sauce tomate, les anchois, les olives dénoyautées et coupées en morceaux, des tranches fines de mozzarella et l'origan.

Faites cuire à couvert, à feu très doux, pendant 6 à 7 minutes, jusqu'à ce que le fromage commence à fondre, puis encore 5 minutes à découvert, à feu vif, en déplaçant la poêle sur la source de chaleur.

Pour 4
Préparation : 15 min
Cuisson : 20 min
Difficulté : * *

- 1 grande poêle avec couvercle

Flammekueche

INGRÉDIENTS :

- 1 pâte à pizza prête à cuire
- 2 oignons
- 1 c. à s. d'huile de tournesol + 1 filet
- 125 g de lardons fumés
- 2 c. à s. de crème fraîche épaisse
- 1 pincée de noix muscade râpée
- sel – poivre du moulin

Épluchez et émincez finement les oignons, mettez-les à revenir dans l'huile sans les faire colorer. Remplacez-les par les lardons et faites-les dorer.

Recoupez la pâte pour que son diamètre soit supérieur d'1 cm à celui du fond de la poêle. Huilez la poêle et faites-la bien chauffer, puis disposez-y la pâte. Faites-la cuire 4 minutes à feu doux. Retournez-la, étalez la crème, répartissez les oignons et les lardons, salez, poivrez, ajoutez la noix muscade.

Faites cuire 5 minutes à couvert à feu doux, puis 5 minutes à découvert, à feu vif, en déplaçant la poêle sur la source de chaleur.

Pour 4
Préparation : 14 min
Cuisson : 15 min
Difficulté : * *

- 1 mixeur
- 1 poêle

INGRÉDIENTS :

- 400 g de filets de poulet
- 1 échalote
- 10 brins de ciboulette
- 4 tomates séchées
- 1 jaune d'œuf
- 4 pains à burger
- 4 tranches de cheddar
- 4 rondelles de tomate
- 4 feuilles de salade
- 4 cuil. à café du condiment de votre choix (Savora®, ketchup...)
- huile
- sel - poivre

PLATS

Burger de poulet

RÉALISATION

Préchauffez le four à 180 °C (th. 6). Pelez et émincez l'échalote. Ciselez la ciboulette. Détaillez les tomates séchées en morceaux.

Coupez le poulet grossièrement. Mixez-le avec le jaune d'œuf, du sel et du poivre. Mélangez le hachis de poulet avec l'échalote, les tomates séchées et la ciboulette. Formez 4 steaks.

Faites-les cuire dans une poêle huilée pendant 10 minutes, jusqu'à ce qu'ils soient dorés de chaque côté. Ajoutez sur chacun 1 tranche de cheddar au dernier moment pour qu'il fonde légèrement. Pendant ce temps, dans le four préchauffé, placez les pains coupés en 2, face contre grille, et faites-les griller 5 minutes.

Étalez le condiment Savora® ou le ketchup sur les tranches inférieures des pains à burger, ajoutez 1 feuille de salade, 1 steak au poulet et 1 rondelle de tomate. Refermez les burgers avec les tranches de pain restantes. Servez avec des frites.

variante

Si vous voulez des cheeseburgers, doublez la dose de cheddar.

truc de cuisinier

Formez les steaks de taille légèrement inférieure à celle des pains, pour qu'à la dégustation, la viande s'écrase mais ne déborde pas.

Pour 4
Préparation : 10 min
Cuisson : 20 min
Difficulté : * *

- 1 poêle avec couvercle
- papier absorbant
- 1 saladier
- 1 assiette
- 1 chalumeau de cuisine

INGRÉDIENTS :

- 1 rouleau de pâte brisée
- 200 g de lardons fumés
- 3 œufs
- 15 cl de crème fraîche
- 70 g de gruyère râpé
- 1 pincée de noix muscade râpée
- 10 g de beurre
- 1 filet d'huile
- sel – poivre du moulin

PLATS

Quiche lorraine

Faites griller les lardons dans la poêle chaude, à feu vif, sans matière grasse, puis égouttez-les sur du papier absorbant. Rincez et essuyez la poêle.

Battez les œufs avec la crème fraîche, ajoutez le gruyère râpé, les lardons grillés et la pincée de muscade. Salez légèrement et poivrez.

Recoupez la pâte au diamètre de la poêle. Faites fondre la moitié du beurre dans la poêle avec un filet d'huile, tournez la poêle pour que le fond et les bords soient uniformément couverts. Lorsque la poêle est chaude, hors du feu, déposez-y la pâte en la centrant bien. Laissez dorer 3 à 4 minutes à feu très doux, en déplaçant de temps en temps la poêle sur la source de chaleur. Faites glisser délicatement la pâte dans une assiette. Applatissez-la délicatement du bout des doigts.

Beurrez à nouveau légèrement les bords et le fond de la poêle, puis retournez la pâte dans la poêle. Versez la garniture, couvrez et laissez cuire à feu doux pendant 6 à 7 minutes, jusqu'à ce que le mélange soit bien pris. Déplacez de temps en temps la poêle sur la source de chaleur. Retirez le couvercle, augmentez la flamme et prolongez la cuisson de 3 à 4 minutes, toujours en remuant la poêle sur la source de chaleur. Faites glisser dans le plat de service, gratinez au chalumeau avant de servir.

variante

Remplacez le gruyère par du comté râpé.

truc de cuisinier

Pour des tartes et quiches savoureuses, préférez des pâtes prêtes à l'emploi, pur beurre et de bonne qualité.

Pour 4 à 6
Préparation : 9 min
Cuisson : 35 min
Difficulté : *

- 1 plat à tarte
- 1 planche à découper

INGRÉDIENTS :

- 1 pâte feuilletée
- 4 tomates d'une ou plusieurs variétés (environ 550 g)
- 180 g de fromage de chèvre
- 1,5 cuil. à soupe de moutarde de Dijon ou à l'ancienne en grains
- 1,5 cuil. à soupe d'huile d'olive
- sel – poivre

Tarte chèvre & tomates multicolores

Préchauffez le four à 180 °C (th. 6).

Coupez les tomates en rondelles, retirez les graines. Taillez le fromage en tranches. Mélangez la moutarde et l'huile.

Foncez un plat à tarte avec la pâte feuilletée, piquez-la à la fourchette. Répartissez le fromage, recouvrez avec les rondelles de tomates et badigeonnez du mélange moutarde-huile. Salez, poivrez.

Enfournez pour 35 minutes. Dégustez chaud avec de la salade verte.

variante

Amusez-vous en changeant de fromage de chèvre : frais, sec, doux, intense. Selon la saison, différentes variétés de tomates apparaissent sur les étals (tomate ananas, noire de Crimée, green zebra, etc.), parfaites pour créer une tarte multicolore.

truc de cuisinier

Repliez la pâte qui dépasse du moule sur la garniture et non dessous, pour éviter d'avoir un rebord très épais et non garni.

Pour 4 à 6
Préparation : 15 min
Cuisson : 50 min à 1 h
Difficulté : *

- 1 saladier
- 1 planche à découper
- 1 moule à cake

INGRÉDIENTS :

- 250 g de ricotta
- 1 échalote
- 1/2 courgette
- 2 tomates
- 1/2 poivron
- 3 œufs
- 100 g de chorizo (doux ou fort selon les goûts)
- 120 g de farine
- 1 sachet de levure chimique
- sel – poivre

PLATS

Flan ricotta, légumes & chorizo

Préchauffez le four à 180 °C (th. 6). Pelez l'échalote, émincez-la. Épépinez la courgette et les tomates. Coupez-les en dés ainsi que le poivron et le chorizo.

Mélangez les œufs, la farine, la levure, la ricotta, du sel et du poivre. Ajoutez les dés de légumes et de chorizo.

Versez la pâte dans un moule à cake. Enfournez pour 50 minutes à 1 heure, il faut que la pointe d'un couteau enfoncée dans le flan ressorte sèche.

Laissez refroidir, puis placez au frais avant de déguster bien froid.

variante

Le fumé du bacon ou de la poitrine de porc s'accorde très bien avec la douceur de la ricotta.Vous pouvez aussi tailler la courgette en tagliatelles avec un économe et les mettre sur le dessus du flan après 10 minutes de cuisson, et donc prolonger le temps de cuisson de 10 minutes.

truc de cuisinier

Pour une cuisson plus rapide, utilisez des moules à muffins et préparez des flans individuels.

PLATS

Dorade au citron vert, tagliatelles & épinards

Pour 4
Préparation : 7 min
Cuisson : 6 min
Difficulté : * *

- 1 planche à découper
- 1 zesteur
- 1 presse-agrumes
- 1 poêle
- 1 casserole

INGRÉDIENTS :

- 4 filets de dorade
- 2 citrons verts bio
- 50 g de jeunes pousses d'épinards
- 1 oignon nouveau
- 300 g de tagliatelles fraîches
- 15 g de beurre demi-sel
- 2 cuil. à soupe d'huile d'olive
- sel – poivre
- fleur de sel

Râpez le zeste des citrons, réservez-le. Prélevez le jus. Mélangez-le avec 1 cuillerée à soupe d'huile d'olive, salez, poivrez. Versez cette préparation sur le poisson et laissez mariner pendant que vous préparez les légumes et les pâtes.

Rincez et équeutez les épinards si nécessaire, hachez-les finement. Ciselez l'oignon nouveau. Réservez.

Faites cuire les tagliatelles dans de l'eau bouillante salée selon les indications inscrites sur le sachet. Égouttez-les et mélangez-les avec le beurre, le zeste de citron vert et du poivre. Ajoutez les épinards et l'oignon, réservez au chaud.

Dans une poêle huilée, faites dorer le poisson 1 à 2 minutes de chaque côté. Servez sans attendre avec les pâtes, de la fleur de sel et du poivre.

variante

Changez de poisson selon les espèces disponibles chez votre poissonnier. Pensez à adapter le temps de marinade en fonction de l'épaisseur du poisson.

truc de cuisinier

La queue et la nervure centrale des épinards sont désagréables à manger et doivent être retirées, néanmoins, sur les jeunes pousses, elles sont d'ordinaire assez tendres et peuvent être conservées. Dans cette recette, les épinards étant dégustés crus, il est préférable de retirer les parties qui vous semblent un peu rigides.

Flan de courgette
au chèvre et à la menthe

Pour 4
Préparation 20 min
Cuisson : 30 min
Difficulté : * *

- 1 bol • 1 fouet
- 1 économe • 1 sauteuse
- 1 plat à gratin

INGRÉDIENTS :

- 4 courgettes
- 1 oignon - 4 œufs
- 1/2 fromage de chèvre frais
- 2 c. à s. de crème fraîche épaisse
- 10 cl de lait
- 5 branches de menthe
- 1 c. à s. d'huile d'olive
- sel - poivre

Pelez et émincez l'oignon. Lavez, séchez, pelez les courgettes et coupez-les en dés. Faites chauffer l'huile dans une sauteuse. Mettez-y les légumes à revenir, pendant 10 minutes environ. Préchauffez le four à 180 °C (th. 6). Cassez les œufs dans un bol. Ajoutez le fromage de chèvre, la crème et le lait. Salez et poivrez. Fouettez pour obtenir un mélange homogène.

Lavez, séchez, effeuillez et ciselez la menthe. Mélangez les légumes, les œufs et la menthe. Versez le tout dans un plat à gratin. Faites cuire pendant 20 minutes environ. Servez chaud ou froid. Ce flan est délicieux froid arrosé de jus de citron.

Riz basmati aux lentilles
corail et à la coriandre

Pour 4
Préparation : 10 min
Cuisson : 25 min
Difficulté : * *

- 2 casseroles • 1 couteau

INGRÉDIENTS :

- 100 g de riz basmati
- 100 g de lentilles corail
- 60 cl de bouillon (2 cubes)
- 1 oignon
- 1 c. à s. d'huile
- 1 bâton de cannelle
- 1 clou de girofle
- 5 graines de cardamome
- 1 c. à c. de cumin
- 1/2 bouquet de coriandre fraîche
- sel - poivre

Versez le bouillon dans une casserole et portez-le à ébullition. Pelez et émincez l'oignon. Faites-le revenir avec l'huile dans une autre casserole. Quand il est translucide, versez le riz et les lentilles. Remuez 1 minute.

Arrosez de bouillon chaud. Écrasez les graines de cardamome avec le plat d'un couteau. Mettez toutes les épices dans une gaze et ficelez (vous pourrez ainsi les retirer plus aisément avant de servir). Ajoutez les épices dans la casserole et laissez cuire doucement à couvert, pendant 20 minutes environ. Lavez, séchez et ciselez la coriandre. Parsemez-en le riz avant de servir.

Pour 4
Préparation : 20 min
Cuisson : 15 min
Difficulté : * *

- 2 casseroles
- 1 poêle
- 1 planche
- 1 couteau d'office
- 4 bols

INGRÉDIENTS :

- 2 escalopes de poulet
- 100 g de carottes râpées natures
- 1 sachet de nouilles chinoises
- 2 cubes de bouillon de volaille
- 4 cuil. à soupe de coriandre surgelée
- 1 cuil. à café de gingembre râpé
- 10 cl de sauce soja

Comme un ramen au poulet

Délayez les cubes de bouillons dans 2 l d'eau bouillante. Assaisonnez de sauce soja, de gingembre et de coriandre.

Coupez le poulet en lanières et jetez-les dans le bouillon. Ajoutez les carottes et laissez pocher à petits frémissements pendant 10 minutes.

Préparez une deuxième casserole d'eau bouillante. Jetez-y les nouilles. Hors du feu, laissez-les se réhydrater 5 minutes à couvert.

Égouttez les nouilles et versez-les dans le bouillon au poulet. Servez bien chaud dans 4 bols de service.

variante

Remplacez le poulet par de grosses crevettes cuites décortiquées ou, comme dans les restaurants japonais, par des lamelles de porc cuit.

truc de cuisinier

Utilisez ce bouillon parfumé pour y cuire des légumes frais : navet, chou, etc.

Pour 4
Préparation : 15 min
Cuisson : 30 min
Difficulté : *
€ € € €

- 1 plat à gratin
- 1 écumoire

INGRÉDIENTS :

- 800 g de pommes de terre Charlotte
- 50 cl de crème fleurette
- 20 cl de lait
- 1 noix de beurre
- 1 bonne pincée de noix muscade fraîchement râpée
- 50 g de gruyère râpé
- sel
- poivre du moulin

Gratin dauphinois
à la crème fleurette

Épluchez, lavez, séchez les pommes de terre, détaillez-les en fines rondelles.

Versez la crème et le lait dans une casserole, assaisonnez de noix muscade, salez et poivrez. Faites cuire les pommes de terre environ 15 minutes dans ce mélange, jusqu'à ce qu'elles soient tendres.

Préchauffez le four à 180 °C (th. 6). Beurrez un plat à gratin. Prélevez un peu de crème dans la casserole et versez-la au fond du plat. Montez le gratin en alternant les couches de pommes de terre et les couches de crème. Parsemez de gruyère râpé.

Enfournez pour 15 minutes jusqu'à ce que le gratin soit joliment doré.

variante

Remplacez le gruyère par du Roquefort. Émiettez-le entre les couches de crème et de pommes de terre avant de le passer au four.

truc de cuisinier

Utilisez une mandoline pour émincer régulièrement et rapidement les pommes de terre.

Pour 4
Préparation : 20 min
Cuisson : 1 h
Difficulté : * *
€ € € €

- 1 plat à tajine
- 1 casserole
- 1 bol

INGRÉDIENTS :

- 1 gros poulet coupé en morceaux
- 12 pruneaux dénoyautés
- 150 g d'amandes mondées
- 1 dose de safran
- 2 feuilles de laurier
- 2 oignons
- 1 cuil. à café de cannelle en poudre
- 1/2 cuil. à café de gingembre moulu
- 3 cuil. à soupe de miel
- 2 cuil. à soupe d'eau de fleur d'oranger
- 1 cuil. à soupe de graines de sésame
- 3 cuil. à soupe d'huile d'olive
- sel – poivre

PLATS

Poulet pruneaux & amandes

Versez l'huile dans un plat à tajine. Ajoutez le safran, le laurier et faites revenir les morceaux de poulet pendant 5 minutes en les retournant régulièrement. Épluchez les oignons et coupez-les en rondelles. Ajoutez-les et mélangez pendant encore 3 minutes.

Mouillez d'1 verre d'eau, assaisonnez de cannelle, de gingembre, de sel et de poivre. Couvrez et laissez cuire pendant 40 minutes.

Faites tremper les pruneaux dans un bol d'eau chaude pendant 15 minutes. Égouttez-les et placez-les dans une petite casserole avec les amandes, le miel et 1 verre d'eau. Glacez-les pendant 5 minutes à feu moyen. Ajoutez l'eau de fleur d'oranger.

Versez ce mélange sur le tajine 10 minutes avant la fin de la cuisson et mélangez. Au moment de servir, saupoudrez d'un peu de cannelle, parsemez de sésame et accompagnez avec du pain de votre choix.

variante

Remplacez le poulet par de l'agneau et prolongez la cuisson de 30 minutes en ajoutant un peu plus d'eau.

truc de cuisinier

Pour obtenir des amandes et des graines de sésame croustillantes, saisissez-les 2 minutes à la poêle dans de l'huile chaude en mélangeant constamment pour éviter qu'elles ne brûlent.

Pour 4
Préparation : 25 min
Cuisson : 1 h
Difficulté : * *

- 1 plat à tajine • 1 saladier
- 1 poêle • 1 casserole

INGRÉDIENTS :

- 1 beau poulet coupé en 8
- 1 kg d'aubergines
- 4 tomates
- 6 gousses d'ail
- 1 bouquet de persil plat
- 1 c. à c. de curcuma
- 1/2 c. à c. de ras el hanout
- 5 cl d'huile de friture
- 2 c. à s. d'huile d'olive
- sel – poivre

Poulet aux aubergines

Lavez les aubergines, éliminez le pédoncule et coupez-les en rondelles d'épaisseur moyenne. Plongez-les au fur et à mesure dans un grand saladier rempli d'eau salée. Laissez-les dans l'eau pendant 15 minutes puis égouttez-les.

Huilez légèrement les rondelles et faites-les frire sur les 2 côtés, pendant 2 à 3 minutes. Déposez-les sur une assiette garnie de papier absorbant. Plongez les tomates 1 minute dans une casserole d'eau bouillante et épluchez-les. Coupez-les en dés. Épluchez les gousses d'ail et émincez-les. Équeutez le persil et hachez-le.

Faites chauffer l'huile dans un plat à tajine et faites-y revenir les morceaux de poulet. Ajoutez l'ail, le curcuma, les tomates, le ras el hanout, du sel et du poivre. Incorporez les aubergines et le persil haché, couvrez d'eau et laissez mijoter doucement pendant 45 minutes jusqu'à ce que le poulet soit bien tendre. Servez.

Pour 4
Préparation : 15 min
Cuisson : 40 min
Difficulté : * *

- 1 plat à tajine • 1 râpe • 1 fouet

INGRÉDIENTS :

- 4 escalopes de poulet (800 g)
- 1 kg de potiron
- 600 g de pommes de terre nouvelles – 20 cl de lait
- 1 œuf – 25 g de beurre
- 1 c. à s. de zeste de citron (non traité ou bio) – 1/2 bouquet d'estragon – 1/2 c. à c. de cumin
- 1/2 c. à c. de cannelle en poudre
- 1/2 c. à c. de quatre-épices
- 2 c. à s. d'huile d'olive
- 4 branches de cerfeuil
- sel – poivre

Poulet potiron & pommes de terre

Lavez et épluchez le potiron puis éliminez les graines. Coupez-le en dés.

Découpez les morceaux de poulet. Rincez les pommes de terre. Faites cuire les pommes de terre (avec ou sans la peau), et le poulet pendant 10 minutes dans le lait chaud salé et poivré. Laissez refroidir dans le lait. Reprenez la cuisson en ajoutant le zeste de citron, le beurre, le potiron et l'estragon effeuillé.

Incorporez l'huile, ajoutez le cumin, la cannelle et le quatre-épices. Couvrez d'eau et faites cuire à feu doux pendant 30 minutes environ. À la fin de la cuisson, fouettez l'œuf en omelette et incorporez-le à la sauce en remuant, cela permettra à la sauce d'épaissir et de se lier.

Servez chaud et décorez de feuilles de cerfeuil ciselées.

Pour 4
Préparation : 30 min
Cuisson : 1 h
Difficulté : * *

• 1 plat à tajine • 1 casserole

INGRÉDIENTS :

- 1 kg de viande de veau (épaule ou jarret)
- 3 belles carottes
- 700 g de pommes de terre
- 1 oignon
- 1 c. à s. de pistils de safran
- le jus d'1 citron
- 30 g de beurre salé
- 4 c. à s. d'huile de tournesol
- sel – poivre

Veau carottes & pommes de terre

Découpez la viande en morceaux de 2 ou 3 centimètres de côté. Épluchez les pommes de terre et coupez-les en quartiers. Pelez les carottes et coupez-les en gros tronçons. Épluchez et émincez l'oignon.

Placez le tout dans un plat à tajine. Salez, poivrez et parsemez de pistils de safran. Arrosez d'huile, couvrez d'eau et ajoutez le jus de citron.

Couvrez et laissez cuire à feu doux pendant environ 1 heure. Surveillez le niveau d'eau et mélangez. Faites fondre le beurre dans une petite casserole. Lorsque la viande est bien tendre, arrosez de beurre salé fondu et servez.

Pour 4
Préparation : 20 min
Cuisson : 30 min
Difficulté : * *

• 1 plat à tajine • 1 casserole

INGRÉDIENTS :

- 600 g de viande de bœuf hachée
- 4 tomates
- 2 c. à s. de farine
- 1 œuf – 4 gousses d'ail
- 1 beau poivron vert
- 1 c. à c. de cumin
- harissa (facultatif)
- 1 bouquet de persil
- 1 citron (facultatif)
- 3 c. à s. d'huile d'olive
- sel – poivre

Boulettes à la sauce tomate

Mélangez la viande hachée avec la farine et l'œuf cru. Salez, poivrez et mélangez bien à nouveau. Formez des boulettes de la grosseur d'une noix en les roulant entre vos doigts.

Épluchez et hachez les gousses d'ail. Épépinez et émincez le poivron. Mettez l'ail et le poivron dans un plat à tajine avec l'huile. Salez, poivrez, ajoutez le cumin et la harissa. Faites revenir pendant 2 minutes. Ajoutez les boulettes et faites-les revenir pendant 3 minutes en mélangeant.

Faites bouillir de l'eau dans une casserole et plongez-y les tomates pendant 1 minute. Pelez-les et coupez-les en dés. Hachez le persil. Ajoutez les tomates, 1 verre d'eau et le persil haché. Couvrez le plat à tajine. Laissez mijoter à feu doux pendant 15 à 20 minutes. Servez avec des quartiers de citron.

Pour 4
Préparation : 20 min
Cuisson : 30 min
Difficulté : * *
€ € € €

• 1 plat à tajine

INGRÉDIENTS :

- 1 kg de merlan
- 4 tomates
- 1 gros oignon
- 500 g d'asperges
- 200 g de haricots verts
- 1 cuil. à café de graines de carvi
- 1 cuil. à café de harissa
- 1 petit bol d'herbes fraîches hachées (ciboulette, persil, estragon...)
- le jus d'1 citron
- 4 cuil. à soupe d'huile d'olive
- sel – poivre

Merlan aux petits légumes

Rincez le poisson et séchez-le.

Lavez les tomates et coupez-les en rondelles. Épluchez l'oignon et émincez-le. Épluchez les asperges et éliminez la base pour ne garder que les 2/3 environ de chaque asperge. Coupez-les en 2 tronçons. Équeutez les haricots verts et rincez-les.

Faites revenir les légumes et l'oignon pendant 5 minutes dans l'huile d'olive chaude. Ajoutez les graines de carvi, la harissa et les herbes fraîches. Salez, poivrez et déposez le poisson dessus. Ajoutez un demi-verre d'eau, le jus de citron et couvrez.

Faites mijoter à feu très doux pendant 20 à 25 minutes selon la taille du poisson. Servez bien chaud.

variante

Vous pouvez remplacer les pointes d'asperges par des champignons, des blancs de poireaux, des carottes ou des quartiers de fenouil.

truc de cuisinier

Pour vérifier la cuisson d'un poisson, essayez de prélever un peu de chair sur le haut du dos, à l'endroit le plus épais : elle doit se détacher facilement.

Gratin de macaronis

Pour 4
Préparation : 15 min
Cuisson : 45 min
Difficulté : * *

- 2 casseroles
- 1 passoire
- 1 râpe à fromage
- 1 saladier
- 1 plat à gratin

INGRÉDIENTS :

- 300 g de macaronis
- 4 tranches jambon serrano
- 3 cuil. à soupe de crème fraîche
- 80 g de parmesan
- 50 g de beurre
- sel – poivre

PLATS

Pour la béchamel :

- 50 g de beurre
- 40 g de farine
- 50 cl de lait
- 120 g de parmesan
- 1 pincée de muscade
- sel – poivre

Faites chauffer une casserole d'eau. Ajoutez 20 g de sel à l'ébullition et jetez-y les pâtes. Laissez-les cuire *al dente* (5 minutes environ). Égouttez les macaronis et versez-les dans un saladier.

Préparez la béchamel en faisant fondre le beurre dans la casserole. Incorporez la farine, mélangez puis versez le lait petit à petit en remuant vivement. Faites épaissir sur feu doux sans cesser de remuer. Râpez le parmesan et incorporez-le délicatement à la béchamel. Salez, poivrez, ajoutez la muscade et mélangez.

Taillez le jambon en lanières et ajoutez-le aux macaronis avec la crème fraîche et la sauce Béchamel. Salez, poivrez et mélangez. Préchauffez le four à 180 °C (th. 6).

Utilisez la moitié du beurre pour graisser le plat et répartissez-y les macaronis. Saupoudrez de parmesan râpé, coupez le reste de beurre en noisettes et parsemez-en les pâtes. Glissez au four 25 à 30 minutes jusqu'à ce que le gratin soit doré. Servez dans le plat de cuisson.

variante

Ajoutez 1 cuillerée à soupe de sauce tomate toute prête dans la béchamel : les enfants vont adorer !

truc de cuisinier

Ayez la main légère sur le sel : le jambon et le parmesan en contiennent déjà.

Pour 4
Préparation : 20 min
Cuisson : 45 min
Difficulté : * *
€ € € €

- 1 bol
- 1 saladier
- 1 cuillère
- 1 pinceau
- 1 plat

INGRÉDIENTS :

- 6 grosses tomates
- 1 verre de lait
- 1 tranche de pain de mie
- 500 g de chair à saucisse (veau et porc)
- 1 poignée de pignons de pin
- 8 brins de persil plat
- 1 échalote
- 1 branche de thym frais
- 1 œuf
- 1 cuil. à café d'huile d'olive
- 1 noix de beurre
- sel – poivre

PLATS

Tomates farcies

Réchauffez le lait au micro-ondes et mettez-y à tremper le pain de mie. Rassemblez la chair à saucisse, les pignons de pin, les feuilles de persil lavées, séchées et ciselées, l'échalote épluchée et hachée, le thym effeuillé dans un saladier. Ajoutez le pain de mie imbibé, l'œuf battu, salez, poivrez et mélangez.

Découpez le chapeau des tomates et évidez-les en prenant soin de ne pas percer le fond. Récupérez la pulpe, taillez-la en petits dés et intégrez-la à la farce. Malaxez bien le tout pour obtenir un mélange homogène.

Préchauffez le four à 180 °C (th. 6). Salez et poivrez l'intérieur des tomates et farcissez-les. Couvrez-les avec les chapeaux et huilez-les un peu avec un pinceau. Beurrez légèrement le plat à gratin et disposez-y les tomates.

Enfournez pour 45 minutes. Arrosez de temps en temps les tomates du jus de cuisson. Sortez les farcis et servez-les avec un riz créole.

variante

Incorporez des cubes de mozzarella dans la farce pour un effet fondant.

truc de cuisinier

Verser 1 cuillerée à café de riz cru dans le fond des tomates avant de les remplir de farce absorbera l'excédent de leur eau de cuisson.

Pour 4
Préparation : 20 min
Cuisson : 50 min
Difficulté : * * *

- 1 plat
- 1 assiette
- 1 mandoline
- 2 casseroles
- 1 poêle

INGRÉDIENTS :

- 9 à 10 feuilles de lasagnes
- 500 g d'épinards
- 10 tomates séchées
- 2 petites aubergines
- 3 courgettes
- 1 gousse d'ail
- 4 oignons blancs
- 5 brins de persil plat
- 100 g de parmesan râpé
- 3 cuil. à soupe d'huile d'olive

Pour la béchamel :

- 50 g de beurre
- 40 g de farine
- 50 cl de lait
- 1 pincée de muscade
- sel – poivre

PLATS

Lasagnes végétariennes

Lavez et séchez les épinards puis faites-les tomber 5 minutes à la poêle. Débarrassez dans une assiette en leur ajoutant les tomates séchées émincées (gardez leur huile). Lavez les autres légumes, séchez-les ; coupez les aubergines en petits dés et passez les courgettes à la mandoline dans le sens de la longueur.

Versez 2 cuillerées d'huile d'olive dans la casserole et faites rissoler les aubergines avec la gousse d'ail épluchée et dégermée pendant 20 minutes. Pendant ce temps, dans la poêle, faites revenir les oignons blancs épluchés et grossièrement hachés avec les lamelles de courgettes dans 1 cuillerée à soupe d'huile d'olive. Salez, poivrez et parsemez tous les légumes de persil rincé, séché et ciselé.

Préparez la béchamel en faisant fondre le beurre dans une casserole. Incorporez la farine, mélangez puis ajoutez le lait petit à petit en remuant vivement. Faites épaissir sur feu doux sans cesser de remuer. Salez, poivrez, ajoutez la muscade et tenez au chaud hors du feu.

Préchauffez le four à 180 °C (th. 6). Graissez le plat de lasagnes avec l'huile des tomates séchées et montez les couches en alternant chaque fois un légume avec des feuilles de lasagnes, puis la béchamel. Procédez ainsi jusqu'à épuisement des ingrédients. Terminez par la béchamel. Saupoudrez de parmesan. Enfournez pour 20 minutes.

variante

Pour en faire un plat complet, ajoutez une couche de lamelles de saumon cru.

truc de cuisinier

Pour alléger la béchamel, remplacez la moitié de la farine par de la fécule de maïs.

Chili con carne

Pour 4
Préparation : 10 min
Cuisson : 35 min
Difficulté : *

- 1 faitout ou 1 grande casserole

INGRÉDIENTS :

- 500 g de viande de bœuf hachée
- 2 oignons – 1 gousse d'ail
- 4 c. à s. d'huile
- 250 g de chair de tomates
- 1 c. à s. de concentré de tomate
- 250 g de haricots rouges en boîte
- 1/2 c. à c. de chili en poudre
- 100 g de maïs
- 20 cl de bouillon de bœuf

Pour accompagner :
- crème fraîche – cheddar râpé

Faites suer les oignons émincés dans l'huile puis ajoutez la viande. Faites-la revenir quelques minutes, puis incorporez l'ail haché, la chair et le concentré de tomate, le chili en poudre, le bouillon de bœuf et les haricots rouges égouttés. Mélangez bien et laissez mijoter à couvert pendant 15 minutes, puis à découvert 15 minutes supplémentaires. Réchauffez les grains de maïs dans la préparation et servez immédiatement accompagné de cheddar râpé et de crème fraîche.

Aubergines parmesanes

Pour 4
Préparation : 15 min
Cuisson : 25 min
Difficulté : * *

- 1 poêle avec couvercle
- papier absorbant
- 4 ramequins • 1 chalumeau

INGRÉDIENTS :

- 200 g d'aubergines en tranches, surgelées et décongelées
- 2 c. à s. d'huile d'olive
- 50 cl de sauce tomate
- 2 boules de mozzarella, en tranches
- 1 c. à s. de persil haché
- 1 c. à s. de basilic haché
- 125 g de parmesan râpé
- sel – poivre du moulin

Faites revenir les tranches d'aubergines dans l'huile d'olive. Égouttez-les sur du papier absorbant.

Déposez une couche de sauce tomate au fond des ramequins, recouvrez de tranches d'aubergines puis de tranches de mozzarella, salez, poivrez, parsemez de persil, de basilic et de parmesan. Recommencez l'opération une seconde fois. Versez un peu d'eau chaude au fond de la poêle, disposez les ramequins, ajoutez de l'eau chaude jusqu'à mi-hauteur. Laissez cuire à couvert à petits frémissements pendant 15 minutes, puis à découvert encore 10 minutes. Faites gratiner au chalumeau.

Pour 4
Préparation : 25 min
Cuisson : 35 min
Difficulté : * *
€ € € €

Moussaka

- 1 grande poêle avec couvercle
- papier absorbant
- 1 petite casserole
- 4 ramequins
- 1 chalumeau

INGRÉDIENTS :

- 200 g de viande de bœuf ou de mouton, hachée
- 2 petites aubergines
- 1 petit oignon
- 1/2 gousse d'ail
- 200 g de chair de tomates
- 2 cuil. à soupe de persil haché
- 50 g de parmesan râpé
- huile d'olive

Pour la sauce Béchamel :

- 15 g de beurre
- 15 g de farine
- 25 cl de lait
- 1 pincée de noix muscade râpée
- sel – poivre du moulin

PLATS

Rincez et séchez les aubergines, coupez-les en rondelles. Quadrillez la surface avec la pointe d'un couteau. Faites-les dorer à la poêle dans de l'huile d'olive, puis égouttez-les sur du papier absorbant.

Émincez l'oignon, hachez la demi-gousse d'ail, faites-les revenir dans de l'huile d'olive, ajoutez la viande et faites-la dorer, puis incorporez la chair de tomates. Salez, poivrez, laissez réduire doucement jusqu'à ce que la sauce soit onctueuse. Intégrez le persil haché.

Préparez la sauce Béchamel : faites fondre le beurre dans une petite casserole, ajoutez la farine et mélangez. Laissez cuire à feu doux pendant 3 minutes sans cesse de remuer, puis délayez le tout en versant le lait petit à petit. Faites épaissir à feu doux en mélangeant. Salez et poivrez, ajoutez la muscade.

Huilez 4 ramequins, alternez les couches d'aubergines et de sauce à la viande. Répartissez la béchamel sur le dessus, parsemez de parmesan râpé.

Versez un fond d'eau chaude dans une grande poêle, disposez-y les ramequins, puis ajoutez de l'eau jusqu'à mi-hauteur. Laissez cuire 5 minutes à couvert, puis ôtez le couvercle et poursuivez la cuisson de 10 minutes. Faites gratiner au chalumeau et servez.

variante

Pour gagner du temps, utilisez des tranches d'aubergines grillées, surgelées.

truc de cuisinier

Pour des aubergines plus savoureuses, faites-les dégorger 30 minutes à plat, saupoudrées de gros sel, dans du papier absorbant, puis rincez-les et séchez-les soigneusement.

Pour 4
Préparation : 30 min
Cuisson : 30 min
Difficulté : * *

- 1 poêle
- 1 casserole
- 1 louche
- 1 cuillère en bois

INGRÉDIENTS :

- 350 g de riz pour risotto
- 250 g de champignons de Paris
- 1 oignon
- 3 baies de genièvre
- 15 cl de vin blanc
- 1,2 l de bouillon de bœuf
- 10 cl de crème fraîche
- 100 g de parmesan râpé
- 20 g de beurre
- sel – poivre

PLATS

Risotto aux champignons

Nettoyez les champignons et émincez-les. Épluchez et émincez l'oignon et faites-le blondir à la poêle dans 1 noisette de beurre. Mettez à chauffer le bouillon dans une casserole.

Ajoutez les baies de genièvre dans la poêle et mouillez avec le vin blanc. Portez à feu vif et laissez évaporer presque complètement avant d'intégrer les champignons, puis le riz.

Faites dorer 3 minutes, puis versez le bouillon chaud, louche après louche au fur et à mesure de son absorption par le riz. Remuez avec une cuillère en bois.

Au bout de 10 à 12 minutes selon votre goût pour la cuisson du riz, incorporez le reste de beurre, la crème fraîche et le parmesan râpé. Salez, poivrez et servez.

variante

Risotto retour de promenade dans les bois, au potiron, aux asperges (en conserve), à vous de frimer à peu de frais !

truc de cuisinier

La réussite du risotto tient à peu de chose : il faut verser le bouillon très chaud au fur et à mesure qu'il est absorbé par le riz.

Pour 8
Préparation : 20 min
Cuisson : 1 h 05
Réfrigération : 12 h
Difficulté : * *

- 1 poêle • 1 moule
- 1 saladier • 1 bol

INGRÉDIENTS :

- 400 g de filets d'anchois frais
- 120 g d'anchois à l'huile
- 5 tiges d'oseille – 1 gros oignon
- 5 œufs – 200 g de farine
- 1 sachet de levure en poudre
- 100 g de beurre – sel – poivre

Pour la sauce :

- 1 bouquet d'aneth
- 2 c. à s. de miel
- 1 c. à s. de moutarde
- 3 c. à s. de crème fraîche
- 1 c. à c. de baies roses
- sel – poivre du moulin

Terrine aux anchois, sauce à l'aneth

Coupez les filets d'anchois frais en bâtonnets de 3 × 1 cm. Lavez et ciselez les feuilles d'oseille. Épluchez et hachez l'oignon et faites-le fondre dans le beurre pendant 3 minutes. Ajoutez l'oseille et faites revenir 2 minutes. Terminez par l'anchois frais, mélangez et continuez la cuisson 1 minute en mélangeant.

Égouttez les anchois à l'huile et émiettez-les. Battez les œufs dans un grand saladier, ajoutez le mélange aux oignons et anchois frais, puis la farine,
la levure, les anchois émiettés et assaisonnez à votre goût. Préchauffez le four à 180 °C (th. 6). Versez l'appareil dans un grand moule beurré et enfournez pour environ 1 heure.

Laissez au réfrigérateur pendant une nuit avant de démouler. Pour préparer la sauce, équeutez, lavez et ciselez l'aneth, puis mélangez intimement tous les ingrédients. Servez cette sauce avec la terrine froide coupée en tranches.

Pour 8 à 10
Préparation : 35 min
Cuisson : 50 min
Difficulté : * *

- 1 sauteuse • 1 casserole

INGRÉDIENTS :

- 1 kg de macaronis
- 1 gros poulet
- 1 grosse boîte de pois chiches
- 4 gros oignons
- 1 c. à c. de cumin
- 1 c. à c. de cannelle
- 1 c. à c. de coriandre en poudre
- 6 c. à s. d'huile – sel – poivre

Macaronis au poulet et aux pois chiches

Coupez le poulet en morceaux et faites-le dorer dans la moitié de l'huile. Épluchez les oignons, coupez-les en quatre, ajoutez-les au poulet et faites cuire 2 à 3 minutes. Mettez toutes les épices et couvrez d'eau. Laissez cuire à feu doux pendant 45 minutes en intégrant les pois chiches 10 minutes avant la fin.

Pendant ce temps, faites cuire les macaronis, égouttez-les et assaisonnez-les avec le reste d'huile, du sel et du poivre. Servez les pâtes entourées de morceaux de poulet, de pois chiches et d'oignons et arrosez de bouillon.

Crumble d'aubergines

Pour 8 à 10
Préparation : 30 min
Repos : 1 h
Cuisson : 50 min
Difficulté : * *

- 1 plat
- 1 plat à gratin
- 1 pinceau
- 2 poêles
- papier absorbant

INGRÉDIENTS :

- 1,5 kg d'aubergines
- 1 grosse boîte de tomates pelées
- 4 gousses d'ail
- 1 oignon
- 1 bouquet de basilic
- 1 cuil. à café de thym
- 1 cuil. à café d'origan
- 300 g de mozzarella
- sel – poivre

Pour le crumble :

- 120 g de farine complète
- 5 cuil. à soupe d'huile d'olive
- 70 g de parmesan râpé

Lavez les aubergines et, sans les peler, coupez-les en très fines rondelles. Mettez-les dans un plat et saupoudrez-les de sel. Laissez dégorger pendant 1 heure.

Pendant ce temps, coupez les tomates en morceaux, épluchez et hachez l'ail et l'oignon. Faites mijoter le tout doucement pendant 15 minutes. Salez et poivrez. Ciselez les feuilles de basilic dans la sauce, ajoutez le thym et l'origan et mélangez hors du feu.

Huilez les rondelles d'aubergines avec un pinceau et faites-les griller légèrement 30 secondes sur chaque face dans une poêle antiadhésive. Mettez-les sur du papier absorbant. Préchauffez le four à 200 °C (th. 7).

Huilez un plat à gratin et rangez les rondelles d'aubergines. Coupez de fines tranches de mozzarella. Disposez-les sur les aubergines. Versez dessus la sauce tomate au basilic. Préparez le crumble en mélangeant la farine, le parmesan et l'huile d'olive. Répartissez-le sur la préparation. Enfournez pour 25 minutes.

variante

Remplacez la mozzarella par du fromage râpé, la farine complète par du pain sec mixé et l'huile par du beurre ou de la margarine.

truc de cuisinier

Selon l'appétit des convives, cette recette pourra aussi bien constituer un plat principal qu'un accompagnement.

Desserts

Mini-tiramisu aux fraises

Pour 4
Préparation : 40 min
Réfrigération : 3 h
Difficulté : * *
€ € € €

- 1 mixeur
- 1 fouet électrique
- 1 saladier
- 4 verres

INGRÉDIENTS :

- 200 g de fraises
- 16 biscuits à la cuiller
- 130 g de mascarpone
- 40 g de sucre
- 10 cl de kirsch
- 15 cl de crème fleurette
- 2 œufs

Lavez les fraises et équeutez-les. Rassemblez-les dans le bol du robot avec la moitié du sucre. Mixez. Versez le kirsch dans une assiette creuse. Cassez en morceaux les biscuits et imbibez-les d'alcool.

À l'aide d'un fouet électrique, montez la crème en chantilly. Séparez les blancs des jaunes et, toujours au fouet électrique, montez les blancs en neige.

Dans un saladier, mélangez les jaunes et le sucre. Ajoutez le mascarpone, incorporez la crème fouettée et les blancs en neige. Procédez délicatement, même si le mélange doit devenir homogène.

Déposez au fond des verres une couche de biscuits imbibés. Ajoutez une couche de fruits, garnissez de mélange au mascarpone. Placez au réfrigérateur au moins 3 heures avant de déguster.

Trifle fraises-banane

Pour 4
Préparation : 20 min
Difficulté : * *
€ € € €

- 1 batteur électrique
- 1 mixeur
- 4 verres

INGRÉDIENTS :

- 150 g de fraises
- 1 banane
- 16 shortbreads (ou autres biscuits sablés)
- 2 oranges
- 25 cl de crème liquide entière
- 15 cl de crème anglaise toute prête

Fouettez la crème liquide, bien froide, à l'aide d'un batteur électrique. Comptez 5 à 8 minutes, puis incorporez la crème anglaise sans cesser de fouetter.

Pressez les oranges pour en recueillir le jus. Lavez les fraises, équeutez-les et coupez-les en morceaux. Pelez la banane et coupez-la en rondelles.

Mixez finement les biscuits et déposez-les au fond des 4 verres. Arrosez-les de 2 cuillerées à soupe de jus d'orange.

Disposez le reste des ingrédients en couche dans les verres. Terminez par une couche de crème fouettée.

Cuisine

Pour 4
Préparation : 20 min
Cuisson : 5 min
Réfrigération : 4 h 15
Difficulté : * *

€ € € €

- 1 fouet
- 1 batteur électrique
- 4 verres ou coupes
- 1 cuillère ou 1 poche à douille

INGRÉDIENTS :

- 125 g de chocolat noir
- 30 cl de lait
- 30 cl de crème liquide
- 100 g de sucre en poudre
- 3 g d'agar-agar
- 1 cuil. à soupe de cacao en poudre

Pour la chantilly :

- 7 cl de crème fleurette
- 7 cl de crème fraîche épaisse
- 30 g de sucre glace

DESSERTS

Crèmes au chocolat façon liégeois

Hachez le chocolat. Faites chauffer le lait, la crème liquide et le sucre. Ajoutez l'agar-agar et portez à ébullition pendant 30 secondes. Versez le liquide chaud sur le chocolat. Mélangez jusqu'à ce que le chocolat ait complètement fondu.

Versez dans 4 verres ou coupes. Laissez refroidir puis réservez au réfrigérateur pendant 4 heures.

Mélangez la crème fleurette et la crème fraîche dans un saladier. Placez le tout au congélateur pendant 15 minutes. Montez la crème en chantilly avec un fouet électrique, incorporez le sucre glace petit à petit dès que la crème commence à prendre.

Dressez la chantilly sur les crèmes avec une cuillère ou une poche à douille. Parsemez de cacao en poudre.

variante

Pour une version café de ce dessert, remplacez le chocolat par 1 cuillerée à soupe de café soluble, à délayer dans la crème liquide.

truc de cuisinier

Pour réussir à coup sûr une chantilly, versez la crème dans un récipient en inox et placez-le, ainsi que les pâles de votre fouet, au congélateur pendant 15 minutes.

Pour 4
Préparation : 10 min
Cuisson : 10 min
Réfrigération : 12 h
Difficulté : * *

- 1 fouet électrique
- 4 ramequins

INGRÉDIENTS :

- 60 cl de lait
- 30 g de fécule de maïs
- 60 g de cacao en poudre non sucré
- 80 g de sucre
- 1 cuil. à café d'extrait naturel de vanille
- 2 cuil. à soupe de crème fraîche épaisse

Crèmes dessert au chocolat

Battez le lait, la fécule de maïs, le cacao en poudre, le sucre et l'extrait de vanille avec un fouet électrique, jusqu'à ce que le mélange soit bien lisse. Transvasez dans une casserole et faites chauffer doucement la préparation tout en mélangeant, jusqu'à ébullition.

Hors du feu, incorporez la crème fraîche.

Versez dans 4 ramequins et réservez au réfrigérateur pendant 12 heures.

Pour 4
Préparation : 15 min
Cuisson : 12 min
Réfrigération : 12 h
Difficulté : * *

- 1 fouet
- 4 ramequins

INGRÉDIENTS :

- 180 g de lait concentré sucré
- 50 cl de lait entier
- 1 gousse de vanille
- 2 œufs
- 20 g de sucre en poudre

Crèmes dessert à la vanille

Versez le lait concentré et le lait entier dans une casserole. Fendez la gousse de vanille, récupérez les graines intérieures, ajoutez-les aux laits ainsi que la gousse. Faites chauffer le mélange sans le faire bouillir.

Fouettez les œufs et le sucre, versez le lait chaud dessus tout en mélangeant. Transvasez dans la casserole, faites épaissir à feu doux pendant 7 minutes tout en fouettant.

Versez dans les ramequins en verre et réservez au réfrigérateur toute une nuit.

Pour 8 muffins
Préparation : 9 min
Cuisson : 20 min
Difficulté : * *
€ € € €

- 1 saladier
- 8 moules à muffins
- 1 poche à douille + 1 douille cannelée
- 1 maryse

INGRÉDIENTS :

- 120 g de beurre demi-sel
- 3 œufs
- 100 g de sucre
- 120 g de farine
- 1/2 sachet de levure chimique
- 200 g de pâte de spéculoos

Muffins cœur de spéculoos

Préchauffez le four à 180 °C (th. 6).

Faites fondre le beurre au micro-ondes environ 1 minute à la puissance maximale. Dans un saladier, mélangez les œufs avec le sucre, ajoutez la farine et la levure, puis incorporez le beurre fondu progressivement.

Répartissez la pâte dans 8 empreintes de muffins. Enfournez pour 20 minutes. Pour vérifier la cuisson, enfoncez la pointe d'un couteau, qui doit ressortir sèche.

Placez la pâte de spéculoos dans la poche à douille. Enfoncez la douille dans chaque muffin encore chaud et garnissez de pâte de spéculoos. Aidez-vous d'une maryse pour utiliser toute la pâte contenue dans la poche. Laissez les muffins refroidir avant de les démouler.

variante

Qui vous empêche d'utiliser de la pâte à tartiner ou de la crème de marrons ? Personne !

truc de cuisinier

Si vous n'avez pas de poche à douille, creusez les muffins au couteau, retirez les chapeaux, garnissez de pâte de spéculoos et finissez en appuyant légèrement les chapeaux sur la garniture.

Pancakes aux noisettes

Pour 16 pancakes
Préparation : 3 min
Cuisson : 22 min
Difficulté : *

- 1 saladier
- 1 crêpière

INGRÉDIENTS :

- 100 g de farine
- 80 g de poudre de noisettes
- 30 g de cassonade
- 1/2 c. à c. de levure chimique
- 2 œufs
- 15 cl de lait
- 1 c. à c. de rhum
- huile

Mélangez la farine, la poudre de noisettes, la cassonade et la levure. Ajoutez les œufs, mélangez. Délayez progressivement avec le lait, puis versez le rhum.

Dans une crêpière huilée, versez un peu de pâte pour former des petites crêpes épaisses d'environ 10 cm de diamètre. Faites-les cuire 2 à 3 minutes de chaque côté jusqu'à ce qu'elles soient bien dorées. Selon la taille de votre crêpière, faites-en cuire 3 ou 4 en une seule fois.

Servez les pancakes chauds ou tièdes avec du sirop d'érable ou du miel.

Financiers banane-rhum

Pour 8 financiers
Préparation : 7 min
Cuisson : 36 min
Difficulté : * *

- 1 saladier
- 1 casserole
- 1 moule à financiers

INGRÉDIENTS :

- 50 g de beurre demi-sel
- 1 banane
- 90 g de poudre d'amandes
- 50 g de cassonade
- 40 g de farine
- 3 blancs d'œufs
- 1 c. à s. de rhum

Préchauffez le four à 180 °C (th. 6). Dans une casserole, faites fondre le beurre jusqu'à ce qu'il devienne « noisette » (environ 6 minutes). Pendant ce temps, pelez la banane, coupez-la en dés.

Mélangez progressivement la poudre d'amandes avec la cassonade, la farine, les blancs d'œufs, le beurre noisette, le rhum et les dés de banane. Versez la pâte dans 8 empreintes de financiers. Enfournez pour 30 minutes. Servez tiède ou froid.

Pour 12 cupcakes
Préparation : 20 min
Cuisson : 20 min
Réfrigération : 2 h
Difficulté : * *

- 1 moule à muffins en métal
- 12 caissettes en papier
- 1 bol en verre
- 1 grille
- 1 casserole
- 3 bols
- 1 poche à douille avec 1 douille cannelée (facultatif)

DESSERTS

INGRÉDIENTS :

- 4 œufs
- 180 g de beurre demi-sel mou
- 180 g de sucre
- 200 g de farine
- 3 c. à c. rases de levure chimique
- 2 c. à s. de lait entier ou demi-écrémé

Pour le glaçage :

- 150 g de chocolat
- 30 g de beurre mou
- 50 g de sucre glace
- 1 c. à s. de miel liquide
- 100 g de mascarpone

Cupcakes au chocolat

Commencez par le glaçage. Mettez le chocolat coupé en morceaux dans le bol en verre. Posez ce bol sur une casserole d'eau frémissante. Lorsque la moitié du chocolat est fondue, retirez le bol et mélangez jusqu'à ce que l'ensemble soit bien lisse. Dans un autre bol, mélangez le beurre, le sucre et le miel, jusqu'à obtenir une consistance crémeuse. Ajoutez le chocolat fondu et mélangez bien. Incorporez le mascarpone, remuez. Réservez au frais pendant environ 2 heures, jusqu'à ce que la préparation ait la consistance d'une crème au beurre et soit assez ferme pour être étalée sans couler.

Disposez les caissettes en papier dans le moule à muffins. Préchauffez le four à 190 °C (th. 6) ou à 180 °C (chaleur tournante). Cassez les œufs dans un bol et fouettez très légèrement à l'aide d'une fourchette. À part, mélangez le beurre et le sucre jusqu'à obtenir une consistance crémeuse. Incorporez les œufs petit à petit, sans cesser de remuer. Ajoutez la farine, la levure, le lait et mélangez.

Remplissez les caissettes aux 3/4 avec le mélange. Enfournez pour 18 minutes environ. Vérifiez la cuisson avec la lame d'un couteau, elle doit ressortir sèche. Sortez les caissettes du moule à muffins, puis laissez-les refroidir sur une grille.

Lorsque les cupcakes sont froids, déposez du glaçage au centre de chaque cupcake à l'aide de la poche à douille.

variante

Vous pouvez remplacer le miel du glaçage par du sirop d'érable.

truc de cuisinier

Si vous n'avez pas de poche à douille, étalez simplement le glaçage à l'aide d'une petite spatule ou d'un couteau à beurre.

DESSERTS

Pour 4
Préparation : 1 h 20
Réfrigération : 2 h
Cuisson : 20 min
Difficulté : * *
€

- 1 casserole
- 2 bols
- 1 fouet
- film alimentaire
- papier sulfurisé
- 1 plaque
- 1 rouleau
- 1 mixeur
- 1 poche à douille
- 1 emporte-pièce de 5 cm de diamètre

DESSERTS

INGRÉDIENTS :

- 1 citron
- 45 g de poudre d'amandes
- 70 g de farine
- 30 g de fécule de maïs
- 1 pincée de sel
- 115 g de beurre mou
- 30 g + 1 cuil. à café de sucre glace
- 2 cuil. à soupe de sucre en poudre

Pour la crème au citron :

- le jus de 2 citrons
- 100 g de sucre
- 3 œufs
- 2 cuil. à café de fécule de maïs

Biscuits façon macarons

Préparez la crème : versez le jus des citrons dans une casserole et faites chauffer de façon à y faire fondre le sucre. Incorporez la fécule de maïs. Cassez et battez les œufs dans un bol, ajoutez-les au jus de citron chaud et mélangez sans discontinuer sur feu doux jusqu'à obtention d'une crème bien épaisse. Laissez refroidir et placez au réfrigérateur pour 1 heure.

Pressez le citron pour prélever l'équivalent d'1 cuillerée à soupe de jus. Réservez. Dans un bol, mélangez la farine avec la poudre d'amandes, la fécule et le sel. Mixez ensemble le beurre coupé en morceaux, le sucre glace, le sucre en poudre et le jus de citron jusqu'à obtenir une crème assez mousseuse. Tout en continuant à battre à petite vitesse, versez tout doucement le mélange de farine.

Lorsque la pâte est bien homogène, posez-la en pâton sur un film alimentaire. Fermez le film et aplatissez légèrement la pâte au rouleau avant de placer au réfrigérateur pour 1 heure. Préchauffez le four à 180 °C (th. 6). Sortez la pâte et placez-la entre deux feuilles de papier sulfurisé. Étalez au rouleau sur 5 mm d'épaisseur. Coupez des disques à l'emporte-pièce et disposez-les sur une plaque à pâtisserie recouverte de papier sulfurisé. Enfournez pour 10 minutes. Laissez refroidir sur une grille.

Remplissez la poche à douille de crème au citron et nappez généreusement la face interne de la moitié des biscuits. Chapeautez avec l'autre moitié des biscuits. Décorez en saupoudrant de sucre glace les biscuits « macarons ».

variante

Essayez avec un pamplemousse. Mais filtrez le jus pour ne pas retrouver de pulpe de fruit dans la crème.

truc de cuisinier

La crème au citron gagne à être faite la veille. Placée au réfrigérateur et couverte d'un film alimentaire, elle n'en sera que plus ferme au moment de fourrer les biscuits.

SUCRE

DESSERTS

Chocolat chaud

Pour 4
Préparation : 15 min
Cuisson : 5 min
Difficulté : * *

- 1 bol • 1 batteur
- 1 casserole • 1 fouet

INGRÉDIENTS :

- 100 g de pépites de chocolat noir
- 25 cl de lait entier bio
- 12 cl de crème fleurette

Pour la chantilly :
- 25 cl de crème fleurette très froide
- 1 c. à s. de sucre glace
- 4 à 6 gouttes d'extrait de café
- 1 pincée de café moulu

Fouettez la crème dans un bol préalablement placé au réfrigérateur pendant 30 minutes. Ajoutez le sucre glace quand elle commence à monter en chantilly, puis à la fin les gouttes d'extrait de café. Réservez au réfrigérateur.

Versez les pépites de chocolat dans une casserole et mouillez légèrement de lait, faites fondre à feu doux en versant le lait restant. Remuez sans cesse et ajoutez la crème. Retirez du feu et fouettez énergiquement. Versez dans des tasses et déposez au-dessus 1 cuillerée de chantilly au café. Saupoudrez légèrement de café moulu.

Cookies choco

Pour 4
Préparation : 15 min
Réfrigération : 30 min
Cuisson : 10 min
Difficulté : * *

- 3 bols • 1 saladier
- 1 plaque • 1 spatule
- papier sulfurisé

INGRÉDIENTS :

- 150 g de chocolat dessert à 70 %
- 160 g de farine
- 1/4 de c. à c. de bicarbonate de soude
- 100 g de beurre mou
- 100 g de cassonade
- 1 œuf
- 3 c. à c. de vanille liquide

Coupez grossièrement le chocolat au couteau. Réservez dans un bol. Dans un autre bol, mélangez farine et bicarbonate et réservez également.

Taillez le beurre en morceaux dans un saladier et travaillez-le avec la cassonade jusqu'à ce que la cuillère en bois ne crisse plus. Battez l'œuf dans un bol et ajoutez-le au mélange beurre-cassonade, puis versez la vanille et enfin la farine. Mélangez. Quand la préparation est bien homogène, intégrez les pépites de chocolat. Sur une plaque recouverte d'une feuille de papier sulfurisé, disposez des tas de pâte de la taille de grosses noix en les espaçant bien. Laissez reposer au froid 30 minutes avant d'enfourner une dizaine de minutes à 180 °C (th. 6). Laissez complètement refroidir sur une grille avant de déguster.

Pour 4 à 6
Préparation : 30 min
Cuisson : 45 min
Difficulté : * *

- 2 saladiers
- 1 moule à cake

INGRÉDIENTS :

- 150 g de pépites de chocolat
- 100 g de noisettes entières
- 150 g de beurre mou (+ un peu pour le moule)
- 150 g de sucre glace
- 220 g de farine
- 3 œufs
- 1 sachet de levure

Cake aux pépites de chocolat & noisettes

Préchauffez le four à 180 °C (th. 6). Dans un saladier, battez les œufs en omelette.

Dans un autre saladier, mélangez le beurre et le sucre, incorporez la farine, la levure et les œufs battus. Mélangez bien.

Ajoutez les pépites et les noisettes, mélangez encore, et versez la préparation dans un moule à cake beurré.

Enfournez pour 45 minutes environ. Laissez refroidir avant de déguster.

variante

Si vous n'avez pas trouvé de pépites de chocolat, utilisez un morceau de chocolat pâtissier que vous concasserez ou que vous râperez grossièrement.

truc de cuisinier

Si le cake dore trop vite, posez une feuille de papier d'aluminium dessus pour en protéger la surface.

Pour 6
Préparation : 20 min
Cuisson : 40 min
Difficulté : * *
€ € € €

- 1 batteur électrique
- 1 moule à cake

INGRÉDIENTS :

- 80 g de chocolat noir
- 3 œufs
- 125 g de beurre demi-sel ramolli + 20 g pour le moule
- 160 g de sucre en poudre
- 8 cl de lait
- 180 g de farine + 10 g pour le moule
- 1 sachet de levure chimique
- 1 pincée de sel
- 1 cuil. à café de vanille en poudre

Cake marbré
chocolat-vanille

Préchauffez le four à 180 °C (th. 6). Faites fondre le chocolat au bain-marie. Séparez les blancs des jaunes d'œufs. Mélangez le beurre mou et le sucre en poudre avec un batteur électrique jusqu'à ce que le mélange soit crémeux et homogène. Incorporez les jaunes d'œufs, puis le lait.

Mêlez la farine et la levure, versez-les en pluie, petit à petit, dans la préparation précédente et mélangez bien. Battez les blancs en neige avec 1 pincée de sel.

Divisez la préparation en 2 parties égales. Intégrez le chocolat fondu dans l'une et la vanille en poudre dans l'autre. Incorporez les blancs d'œufs équitablement dans chaque préparation.

Beurrez et farinez un moule à cake, puis remplissez-le en alternant les 2 préparations. Enfournez pour 40 minutes, testez la cuisson en plantant une lame de couteau, le gâteau est cuit si celle-ci ressort sans traces de pâte. Laissez refroidir le marbré avant de le découper.

variante

Pour une version « pocket », versez la pâte dans les empreintes d'un moule à mini-cakes ou à financiers et faites cuire pendant 30 minutes.

truc de cuisinier

Pour obtenir un bel effet marbré, dessinez des volutes dans la pâte avec une lame de couteau avant d'enfourner le gâteau.

Pour 8 petits cakes
Préparation : 15 min
Repos : 30 min
Cuisson : 15 min
Difficulté : * *

- 8 caissettes à muffins • 1 poêle
- 2 bols • 1 fouet • 1 batteur
- 1 faitout + 1 panier vapeur

INGRÉDIENTS :

- 4 œufs - 200 g de sucre
- 200 g de farine - 1 c. à s. bombée de graines de pavot
- le jus d'1,5 citron
- le zeste d'1/2 citron
- 1/2 sachet de levure chimique
- 1 pincée de bicarbonate

Pour le glaçage :

- 120 g de sucre glace
- 4 c. à s. de jus de citron

Cakes au citron et au pavot

Torréfiez quelques minutes les graines de pavot dans une poêle chaude.

Séparez les blancs des jaunes d'œufs. Fouettez les jaunes avec le sucre, incorporez la farine, le jus et le zeste de citron, la levure, le bicarbonate, puis les graines de pavot. Battez les blancs en neige ferme, puis incorporez-les délicatement.

Répartissez la préparation dans 8 caissettes à muffins, laissez reposer 30 minutes. Faites cuire les cakes à la vapeur pendant 15 minutes.

Fouettez le sucre glace et le jus de citron et glacez les gâteaux, une fois refroidis.

Pour 4
Préparation : 20 min
Réfrigération : 2 h
Difficulté : * *

- 2 bols • 1 fouet
- 4 verres • film alimentaire

INGRÉDIENTS :

- 250 g de mascarpone
- 2 jaunes d'œufs
- 60 g de sucre en poudre
- 50 g de chocolat noir
- 10 cl de café serré ou d'expresso
- 8 biscuits à la cuillère
- 1 c. à s. de cacao en poudre

Tiramisu

Fouettez les jaunes d'œufs avec le sucre puis incorporez le mascarpone. Hachez le chocolat et faites-le fondre au bain-marie. Mélangez-le à la moitié de la crème au mascarpone.

Coupez les biscuits en 2, trempez-les rapidement dans le café. Disposez 2 moitiés de biscuits au fond des verres, puis superposez la crème au chocolat et la crème nature en les séparant par une couche de biscuits.

Couvrez de film alimentaire et réservez au moins 2 heures au réfrigérateur.

Parsemez de cacao en poudre avant de servir.

Tarte abricots & thym

Pour 4 à 6
Préparation : 20 min
Cuisson : 35 min
Difficulté : * *

- 1 rouleau à pâtisserie
- 1 saladier
- 1 moule à tarte
- papier sulfurisé

INGRÉDIENTS :

- 250 g de pâte brisée
- 1 kg d'abricots frais
- 100 g de beurre mou
- 100 g de sucre
- 120 g de poudre d'amandes
- 2 cuil. à soupe de thym frais haché
- 2 œufs entiers
- 1 poignée de farine pour le plan de travail

Préchauffez le four à 180 °C (th. 6). Étalez la pâte et garnissez-en un moule à tarte recouvert de papier sulfurisé.

Lavez les abricots, essuyez-les dans du papier absorbant et ouvrez-les en 2. Ôtez les noyaux et déposez les demi-abricots sur la pâte brisée.

Dans un saladier, mélangez les œufs battus, le beurre, le sucre, la poudre d'amandes et le thym haché. Versez cette préparation sur la pâte et enfournez pour 30 à 35 minutes environ.

Dégustez tiède avec de la crème fraîche ou une boule de glace à la vanille.

variante

Pour une texture plus croustillante, n'hésitez pas à utiliser de la pâte feuilletée.

truc de cuisinier

Afin que la pâte ne se détrempe pas, laissez la porte du four légèrement entrouverte, quelques minutes, en cours de cuisson.

Pour 4
Préparation : 20 min
Cuisson : 15 min
Difficulté : * *
€ € € €

- 1 poêle
- 1 économe
- 1 assiette

INGRÉDIENTS :

- 1 rouleau de pâte brisée
- 60 g de beurre
- 1 cuil. à soupe d'huile
- 1 kg de pommes
- 100 g de sucre en poudre
- crème fraîche ou crème fouettée

Tarte Tatin

Déroulez la pâte et recoupez-la aux dimensions de la poêle.

Faites bien chauffer la poêle, puis faites-y fondre 1 noix de beurre avec un filet d'huile, disposez-y la pâte brisée. Laissez dorer 3 à 4 minutes à feu doux en déplaçant la poêle sur la source de chaleur. Faites glisser la pâte sur une assiette et aplatissez-la délicatement.

Faites fondre à nouveau 5 g de beurre avec un filet d'huile dans la poêle et faites dorer l'autre face pendant 5 minutes, toujours en déplaçant la poêle régulièrement. Transvasez délicatement le fond de tarte sur une assiette.

Épluchez les pommes, coupez-les en tranches épaisses. Faites-les caraméliser à feu vif avec le beurre coupé en parcelles et le sucre pendant 5 à 10 minutes, jusqu'à ce qu'un caramel se forme et que les pommes soient fondantes. Transvasez immédiatement les pommes au caramel dans le fond de tarte, répartissez-les et tassez-les légèrement.

Laissez tiédir avant de servir avec de la crème fraîche ou fouettée.

variante

En été, remplacez les pommes par des abricots.

truc de cuisinier

Pour réussir à coup sûr une crème fouettée, utilisez de la crème fleurette, versez-la dans un récipient, métallique de préférence. Placez le tout 20 minutes au congélateur ou 30 minutes dans le bac à glaçons de votre réfrigérateur avec les pâles du fouet. Par temps chaud, disposez le bol de crème à fouetter dans un saladier plus grand rempli de glaçons.

Moelleux au chocolat

Pour 4
Préparation : 15 min
Cuisson : 15 min
Repos : 1 h 30 min
Difficulté : * *

- 1 casserole
- 3 bols
- 1 poêle avec couvercle
- 1 fouet
- 1 batteur électrique
- 1 tamis
- 1 spatule

INGRÉDIENTS :

- 125 g de chocolat noir
- 125 g de beurre + 5 g pour la poêle
- 2 œufs + 2 jaunes
- 110 g de sucre
- 90 g de farine
- 1 sachet de levure chimique
- 1 filet d'huile
- 1 cuil. à soupe de cacao non sucré

DESSERTS

Faites fondre le chocolat au bain-marie, incorporez le beurre coupé en parcelles. Cassez les 2 œufs, séparez les blancs des jaunes. Montez les blancs en neige.

Fouettez les 4 jaunes avec le sucre jusqu'à ce que le mélange blanchisse, incorporez le chocolat et le beurre fondu, la farine tamisée et la levure, puis les blancs en neige, en soulevant délicatement avec une spatule. Laissez reposer la pâte 1 heure au frais.

Sortez la pâte du réfrigérateur, mélangez-la délicatement. Faites fondre 5 g de beurre avec l'huile. Lorsque la poêle est chaude, versez la pâte, étalez-la avec une spatule, lissez la surface et couvrez. Laissez cuire 15 minutes à feu doux en déplaçant de temps en temps la poêle sur la source de chaleur.

Éteignez ensuite la flamme et laissez reposer à couvert pendant 30 minutes, le gâteau va continuer à cuire. Faites-le glisser sur une assiette. Saupoudrez-le de cacao en poudre.

variante

Pour une version mi-cuit de ce gâteau, mettez seulement 60 g de farine et diminuez la cuisson de 5 minutes. Laissez-le refroidir à couvert et servez-le dans la poêle, à la cuillère.

truc de cuisinier

Choisissez un chocolat de qualité, à 70 % de cacao minimum.

Pour 4
Préparation : 20 min
Cuisson : 40 min
Difficulté : *

- 1 fouet
- 4 ramequins
- 1 plat à four

INGRÉDIENTS :

- 160 g de chocolat noir
- 5 cl de crème liquide
- 70 g de cassonade
- 50 g de beurre + 10 g pour les moules
- 1 cuil. à café d'extrait naturel de vanille
- 2 oeufs + 1 jaune
- 12 g de farine + 10 g pour les moules

Fudges au chocolat

Préchauffez le four à 150 °C (th. 5). Coupez le chocolat en morceaux. Faites chauffer la crème et la cassonade, ajoutez le chocolat haché et le beurre, mélangez sur feu très doux jusqu'à ce que le mélange soit lisse et homogène. Parfumez d'extrait naturel de vanille.

Battez les œufs et le jaune, incorporez-les au chocolat fondu hors du feu. Ajoutez la farine en pluie, mélangez bien l'ensemble.

Beurrez et farinez 4 ramequins, répartissez-y la préparation. Placez les ramequins dans un plat allant au four, versez-y de l'eau chaude jusqu'à mi-hauteur.

Enfournez pour 35 à 40 minutes.

variante

Remplacez l'extrait de vanille par une petite cuillerée de café soluble délayée dans la crème chaude.

truc de cuisinier

Utilisez un bon chocolat noir, à 70 % de cacao minimum.

Pour 4
Préparation : 20 min
Repos : 30 min
Cuisson : 35 à 40 min
Difficulté : * *
€ € € €

• 1 plat à gratin • 2 bols

INGRÉDIENTS :

- 75 g de sucre roux
- 75 g de raisins secs
- 1 c. à s. de rhum
- 3 œufs - 10 tranches de pain de mie anglais
- 25 g de beurre demi-sel mou
- 25 cl de lait entier ou demi-écrémé
- 25 cl de crème liquide entière

Bread and butter pudding aux raisins secs

Mettez les raisins secs dans un petit bol, versez le rhum et réservez. Préchauffez le four à 180 °C (th. 6) ou à 165 °C (chaleur tournante). Beurrez le plat à gratin. Beurrez les tranches de pain, retirez la croûte et coupez chaque tranche en 4 triangles. Mettez la moitié du pain dans le fond du plat à gratin, parsemez avec les raisins secs, puis recouvrez du restant de pain.

Dans un bol, battez légèrement les œufs avec 50 g de sucre, le lait et la crème. Versez ce mélange sur le pain et laissez reposer 30 minutes.

Saupoudrez avec le restant de sucre et enfournez pour 35 à 40 minutes, jusqu'à ce que la crème soit prise et l'ensemble bien doré. Servez tiède.

Pour 8
Préparation : 20 min
Cuisson : 3 h 30
Réfrigération : 1 h
Difficulté : * *
€ € € €

• 1 moule à fond amovible ou en silicone de 23 cm de diamètre
• 1 casserole
• 1 mixeur (facultatif)
• 1 bol • 1 batteur

INGRÉDIENTS :

- 1 boîte de lait concentré sucré (400 g)
- 150 g de biscuits type Digestive® ou spéculoos
- 75 g de beurre fondu
- 3 bananes - 25 cl de crème liquide entière bien froide
- 2 cuil. à soupe de sucre glace

Banoffee pie

Préparez une confiture de lait : posez la boîte de lait concentré dans la casserole, recouvrez d'eau jusqu'à 1 cm au-dessus du haut de la boîte. Portez à ébullition, baissez le feu et faites frémir pendant 3 h 30. Ajoutez de l'eau environ toutes les 30 minutes, afin que la boîte soit toujours recouverte d'eau. Au bout de 3 h 30, videz l'eau et laissez complètement refroidir la boîte avant de l'ouvrir. Vous pouvez également préparer cette confiture de lait dans un auto-cuiseur pendant 1 h 15.

Préparez le banoffee pie : coupez les biscuits en morceaux et mixez-les en miettes pas trop fines. Ajoutez le beurre fondu et mélangez. Étalez ce mélange dans le fond du moule, sans trop tasser et en faisant légèrement remonter les bords. Réservez au frais 30 minutes. Battez la crème liquide bien froide en chantilly, en ajoutant le sucre glace à mi-parcours. Versez la confiture de lait refroidie sur le mélange aux biscuits, puis lissez la surface. Recouvrez avec les bananes coupées en rondelles, ajoutez la crème Chantilly, lissez. Réfrigérez 30 minutes avant de servir.

Pour 4
Préparation : 15 min
Cuisson : 15 min
Difficulté : * *

- 1 zesteur
- 1 presse-agrumes
- 1 poêle antiadhésive
- 4 mini-plats à gratin
- 1 saladier
- 1 fouet

INGRÉDIENTS :

- 1 mangue
- 350 g de fromage blanc
- 1/2 citron vert bio
- 2 cuil. à soupe de sucre glace
- 75 g de sucre en poudre
- 3 jaunes d'œufs
- 1/2 cuil. à café d'extrait de vanille
- 30 g de beurre

Gratin de fromage blanc à la mangue

Râpez le zeste du citron et pressez son jus. Préchauffez le four à 240 °C (th. 8). Pelez la mangue et coupez-la en lamelles.

Dans une poêle antiadhésive, faites fondre le sucre glace, ajoutez le jus et le zeste du citron vert, puis les lamelles de mangue. Laissez caraméliser 2 à 3 minutes en mélangeant.

Beurrez quatre petits plats à gratin et répartissez les lamelles de mangue.

Fouettez le sucre en poudre avec les jaunes d'œufs, puis incorporez le fromage blanc et la vanille.

Versez la préparation au fromage blanc sur les tranches de mangue et faites gratiner environ 10 minutes. Servez tiède ou chaud.

variante

Vous pouvez remplacer la mangue par du kiwi ou de l'ananas en boîte.

truc de cuisinier

Servez ce gratin de mangue avec un coulis de fruits jaunes ou un sorbet. L'association chaud-froid est très appréciée.

Pour 4 à 6
Préparation : 20 min
Cuisson : 8 à 10 min
Difficulté : * *

- 1 saladier
- 1 fouet
- 1 casserole
- 1 tamis
- 1 plaque de cuisson
- papier sulfurisé
- 1 torchon propre
- 1 maryse
- 1 batteur électrique

INGRÉDIENTS :

- 4 œufs
- 125 g de sucre
- 125 g de farine
- 400 g de confiture de fraises

Roulé à la fraise

Fouettez les œufs avec le sucre dans un saladier placé sur un bain-marie d'eau chaude. Le mélange doit devenir mousseux. Retirez du feu lorsque l'ensemble est légèrement chaud. Avec un batteur, fouettez cette préparation 5 minutes jusqu'à ce qu'elle refroidisse complètement et double de volume.

Tamisez la farine et versez-la en pluie sur la préparation aux œufs. Incorporez-la délicatement avec une maryse en évitant de casser le volume de la pâte. Préchauffez le four à 180 °C (th. 6).

Étalez délicatement la pâte sur une feuille de papier sulfurisé posée sur une plaque de cuisson. Enfournez pour 8 à 10 minutes jusqu'à ce que la génoise soit dorée.

Retirez la génoise du four. Déposez un torchon propre légèrement humide dessus. Laissez-la refroidir complètement. Retirez délicatement la feuille de papier sulfurisé. Tartinez la génoise de confiture de fraises, puis enroulez-la sur elle-même. Nappez le roulé d'un peu de confiture restante.

variante

Pour une version aux marrons, garnissez le roulé d'un mélange de 200 g de crème de marrons et 200 g de mascarpone.

truc de pâtissier

Afin de savoir si le mélange est suffisamment refroidi lorsque vous le fouettez au batteur, faites le test du ruban : prélevez un peu de pâte, c'est bon si elle retombe en formant un ruban, mais si elle ne laisse aucune trace, continuez à fouetter.

Pour 4
Préparation : 15 min
Repos : 1 h
Cuisson : 35 à 40 min
Difficulté : * *

- 1 bol
- 1 cul-de-poule
- 1 spatule
- 1 fouet
- 1 moule à génoise

INGRÉDIENTS :

- 200 g de pruneaux dénoyautés
- 1 cuil. à soupe de rhum brun
- 150 g de farine
- 75 g de sucre
- 2 œufs
- 1/2 l de lait
- beurre pour le moule

Far breton
aux pruneaux

Placez les pruneaux dans un bol. Versez le rhum et complétez à hauteur avec de l'eau chaude. Laissez réhydrater pendant 1 heure.

Préchauffez le four à 200 °C (th. 7).

Dans un cul-de-poule, réunissez la farine et le sucre. Faites un grand puits, cassez-y les œufs, puis ajoutez le lait. Mélangez progressivement à la spatule puis au fouet pour obtenir une pâte bien homogène.

Beurrez un moule. Disposez les pruneaux réhydratés dans le fond. Versez délicatement la pâte dessus. Enfournez pour 35 à 40 minutes.

variante

En suivant les mêmes instructions, vous pouvez réaliser un far aux abricots en choisissant des abricots moelleux à réhydrater.

truc de pâtissier

Si votre pâte a des grumeaux, mixez-la finement au mixeur plongeant pour les détruire.

Pour 4
Préparation : 30 min
Cuisson : 40 à 50 min
Difficulté : * *

- 1 saladier
- 1 casserole
- 1 bol
- 1 économe
- 1 plat à gratin

INGRÉDIENTS :

- 6 abricots secs
- 1 sachet de thé Earl Grey
- 4 pommes type Pink Lady ou reinette grise
- 25 g de beurre demi-sel
- 1 cuil. à soupe de sucre roux
- 15 g de beurre doux

Pour la pâte à crumble :

- 100 g de sucre roux
- 100 g de farine
- 100 g de poudre d'amandes
- 100 g de beurre

Crumble aux pommes et abricots

Préparez la pâte à crumble en mélangeant le sucre, la farine et la poudre d'amandes dans un saladier. Coupez le beurre froid en morceaux et ajoutez-le à la préparation sèche. Travaillez le mélange du bout des doigts de manière à obtenir de grosses miettes. Réservez.

Faites chauffer de l'eau, versez-la dans un bol et mettez-y le sachet de thé et les abricots secs. Laissez gonfler 10 à 15 minutes pendant que vous préparez la compote.

Pelez les pommes, coupez-les en cubes et faites-les revenir 5 minutes sur feu doux dans une casserole avec le beurre demi-sel et le sucre. Égouttez les abricots, détaillez-les en lamelles et ajoutez-les aux pommes. Mouillez avec un peu d'eau si besoin et poursuivez la cuisson 5 minutes. Préchauffez le four à 180 °C (th. 6).

Beurrez un plat à gratin et remplissez-le de compote. Couvrez de pâte à crumble et enfournez pour 30 à 40 minutes. Servez chaud ou tiède, accompagné de crème fraîche entière fouettée rapidement avec un peu de sucre glace.

variante

Pour une version sans gluten, remplacez la farine de blé par un mélange d'amandes, noisettes et noix hachées au couteau.

truc de cuisinier

Asséchez bien votre compote afin qu'elle ne détrempe pas la pâte à crumble.

Riz au lait
à la fleur d'oranger

Pour 4
Préparation : 10 min
Cuisson : 45 min
Difficulté : * *

- 1 casserole
- 1 saladier
- 1 plaque
- 1 batteur

INGRÉDIENTS :

- 50 cl de lait entier
- 50 g de riz rond
- 30 g de sucre en poudre
- 1 cuil. à soupe d'eau de fleur d'oranger
- 25 cl de crème fleurette très froide
- 1 cuil. à soupe de sucre glace

Pour le croustillant :

- 60 g de beurre demi-sel très froid
- 100 g de poudre d'amandes
- 100 g de sucre roux
- 2 cuil. à soupe de pistaches
- 1 cuil. à soupe de raisins blonds

DESSERTS

Préchauffez le four à 180 °C (th. 6). Préparez le croustillant : mélangez le beurre coupé, la poudre d'amandes et le sucre roux afin d'obtenir de grosses miettes de pâte. Intégrez-y les pistaches grossièrement hachées au couteau et les raisins. Disposez la préparation sur une plaque et enfournez en partie haute pour 15 minutes. Dès que ce croustillant est revenu à température ambiante, émiettez-le grossièrement.

Faites bouillir une casserole d'eau et versez-y le riz pour 5 minutes de cuisson. Égouttez-le, puis passez-le sous un filet d'eau froide afin de le débarrasser de son amidon.

Versez le lait dans la casserole et ajoutez le riz précuit. Faites-le cuire pendant 20 minutes à feu doux en remuant régulièrement pour éviter qu'il n'accroche aux parois. Versez le sucre et l'eau de fleur d'oranger, mélangez à nouveau en poursuivant la cuisson de 10 minutes. Retirez du feu et transvasez dans un saladier en remuant vivement pour incorporer de l'air et refroidir le riz au lait.

Montez la crème fraîche en chantilly, saupoudrez-la de sucre glace et continuez à fouetter pendant encore 1 à 2 minutes. Incorporez la chantilly au riz au lait en mélangeant soigneusement. Servez en disposant de grosses miettes de croustillant sur le riz.

variante

Remplacez la fleur d'oranger, assez délicate, par du sirop d'orgeat ou de violette, plus marqués.

truc de cuisinier

Rincer le riz empêche qu'il devienne trop pâteux en refroidissant.

DESSERTS

Pour 4
Préparation : 20 min
Réfrigération : 2 h
Difficulté : * *

- 2 bols
- 1 spatule en plastique
- 1 batteur électrique

INGRÉDIENTS :

- 500 g de fraises
- 2 cuil. à soupe de sirop de coquelicot
- 1 cuil. à soupe de sucre glace (facultatif)
- 20 cl de crème liquide bien froide

Mousse de fraise au sirop de coquelicot

Versez la crème liquide dans un bol et laissez-la au frais au moins 1 heure, afin qu'elle soit bien froide.

Lavez les fraises, séchez-les. Équeutez-les et mettez-les dans le second bol, sauf 4 à garder pour le décor. Écrasez-les à l'aide d'une fourchette. Ajoutez le sirop de coquelicot, mélangez. Goûtez et ajoutez le sucre glace si vous préférez une mousse plus sucrée.

Battez la crème liquide bien froide en chantilly, puis incorporez-la délicatement aux fraises écrasées, à l'aide d'une spatule. Versez dans des ramequins, lissez la surface, couvrez à l'aide de film étirable et conservez au frais pendant au moins 2 heures.

Servez avec les fraises réservées coupées en tranches.

variante

Vous pouvez réaliser ce dessert avec un mélange de fraises et de framboises.

truc de cuisinier

Si vous manquez de temps, versez la crème liquide dans un bol et mettez-le dans votre congélateur, jusqu'à ce que la crème soit bien froide.

Pour 4
Préparation : 25 min
Cuisson : 12 min
Difficulté : * *
€ € € €

- 1 planche
- 1 bol
- 1 fouet
- 1 passoire
- 1 bol en verre
- 1 casserole
- 4 plats à œufs ou 4 ramequins à crème brûlée

INGRÉDIENTS :

- 4 oranges
- 3 jaunes d'œufs
- 75 g de sucre
- 10 cl de muscat
- 1/2 grenade

DESSERTS

Sabayon orange et grenade

Retirez les extrémités des oranges, afin qu'elles tiennent droit sur la planche. À l'aide d'un couteau, retirez la peau en plusieurs fois, de haut en bas, en suivant l'arrondi du fruit. Ôtez éventuellement le reste de peau blanche. Au-dessus du bol, passez le couteau entre la membrane et la chair de chaque segment, afin de libérer les suprêmes.

Égouttez les suprêmes d'orange, puis disposez-les au fond des plats à œufs, ou des ramequins, en une seule couche. Retirez les graines de la demi-grenade, disposez-les sur les oranges. Préchauffez votre four sur la position gril.

Fouettez les jaunes et le sucre dans le bol en verre. Posez ce bol sur la casserole remplie aux trois quarts d'eau frémissante, ajoutez le muscat petit à petit, tout en fouettant. Continuez à fouetter, jusqu'à ce que le mélange devienne bien crémeux et que le fouet laisse des traces.

Répartissez le sabayon dans chaque plat à œuf ou ramequin. Enfournez pour 3 minutes environ, jusqu'à ce que le dessus soit légèrement doré.

variante

Ce sabayon se prépare également avec des pamplemousses.

truc de cuisinier

Ce grand classique de la cuisine française est très simple à réaliser. Vous pouvez préparer les fruits à l'avance. En revanche, faites le sabayon juste avant de le servir.

Tarte aux fraises

Pour 4 à 6
Préparation : 20 min
Cuisson : 40 min
Difficulté : * *

- 1 moule à tarte
- papier sulfurisé
- 1 rouleau à pâtisserie
- 1 saladier
- billes de cuisson
- 1 fourchette
- 1 fouet
- 1 casserole
- 1 râpe

INGRÉDIENTS :

- 250 g de pâte sablée
- 300 g de fraises
- 2 œufs + 4 jaunes
- 50 cl de lait
- 4 cuil. à soupe de sucre
- 1 fève tonka
- 2 cuil. à soupe de farine
- 2 cuil. à soupe de fécule de maïs
- 20 g de beurre pour le moule
- 2 cuil. à soupe de farine pour le plan de travail

Préchauffez le four à 210 °C (th. 7). Étalez la pâte sur le plan de travail fariné et garnissez-en un moule à tarte bien beurré. Piquez la pâte à la fourchette, recouvrez-la de papier sulfurisé et garnissez-la de billes de cuisson. Enfournez pour 15 à 20 minutes environ, jusqu'à ce que le fond soit cuit. Retirez du four.

Versez le lait dans une casserole. Râpez la fève tonka dans le lait. Faites chauffer à feu moyen. Dans un saladier, fouettez les œufs et les jaunes avec le sucre. Incorporez la farine et la fécule de maïs.

Quand le lait frémit, versez-le sur les œufs en fouettant bien. Remettez le mélange dans la casserole, et faites épaissir la crème à feu doux. Retirez du feu et laissez refroidir à température ambiante.

Garnissez le fond de tarte de la crème pâtissière et de fraises éventuellement coupées en morceaux. Dégustez froid.

variante

Remplacez la fève tonka par de l'extrait de vanille.

truc de cuisinier

Vous pouvez saupoudrer la tarte de sucre glace, juste avant de servir.

Pour 4 à 6
Préparation : 25 min
Cuisson : 45 min
Difficulté : * *
€ € € €

- 1 moule à tarte
- 1 rouleau à pâtisserie
- 1 économe
- 1 plat
- 1 petit couteau d'office
- 1 planche à découper
- 1 poêle
- 1 plat de service

INGRÉDIENTS :

- 1 rouleau de pâte feuilletée
- 12 pommes de 4 variétés différentes
- 1 cuil. à soupe de bonbons à la violette
- 2 cuil. à soupe de sirop de violette
- 50 g de beurre (+ un peu pour le moule)
- 2 cuil. à soupe de sucre

DESSERTS

Tatin aux quatre pommes et à la violette

Préchauffez le four à 200 °C (th. 7). Pelez les pommes, épépinez-les et coupez-les en morceaux. Concassez les bonbons.

Faites fondre le beurre dans une poêle et faites-y revenir les morceaux de pomme avec le sucre et le sirop de violette, jusqu'à caramélisation, environ 20 minutes à feu doux.

Étalez la pâte sur le plan de travail fariné en un disque de 3 mm d'épaisseur. Versez la préparation aux pommes dans le moule beurré. Saupoudrez de bonbons concassés et recouvrez du disque de pâte. Enfournez pour 25 minutes environ.

Retournez la tarte sur un plat de service avant de la déguster.

variante

En saison, vous pouvez déposer quelques fleurs de violettes fraîches sur la tarte démoulée.

truc de cuisinier

Utiliser 4 variétés de pommes permet d'avoir des textures et des goûts légèrement différents, car elles ne vont pas cuire de la même façon.

Pour 6
Préparation : 13 min
Cuisson : 35 min
Difficulté : * *
€ € € €

- 1 saladier
- 1 assiette de 27 cm de diamètre
- 1 pinceau
- 1 bol
- 1 fève (facultatif)

INGRÉDIENTS :

- 2 pâtes feuilletées
- 80 g de beurre demi-sel ramolli
- 80 g de cassonade
- 6 cl de crème fraîche épaisse
- 80 g de poudre d'amandes
- 20 g de farine
- 1 cuil. à soupe de rhum
- 3 belles cuil. à soupe de cacao en poudre
- 70 g de noix de pécan
- 1 œuf + 1 jaune
- 1 cuil. à soupe de lait

Galette au chocolat & noix de pécan

Préchauffez le four à 180 °C (th. 6). Mélangez le beurre, la cassonade, le jaune d'œuf, la crème fraîche, la poudre d'amandes, la farine, le rhum et enfin le cacao. Réservez.

Découpez dans chaque pâte feuilletée le gabarit d'une assiette plate d'environ 27 cm de diamètre. Conservez les chutes pour une autre utilisation.

Sur la première pâte laissée sur son papier cuisson, répartissez la crème jusqu'à 2 cm du bord. Ajoutez les noix de pécan et la fève. Humidifiez le bord de la pâte, recouvrez avec la seconde pâte feuilletée. Soudez les bords avec les doigts, crantez le pourtour avec un couteau.

Mélangez l'œuf entier et le lait. Avec un pinceau, dorez toute la surface de la pâte. Décorez à votre goût en traçant des dessins sur le dessus de la galette à l'aide d'un couteau. Percez 5 trous, un à chaque point cardinal et un au centre. Enfournez pour 35 minutes. Servez tiède ou froid.

variante

Remplacez les noix de pécan par un mélange amandes, noisettes et noix.

truc de cuisinier

L'usage d'un pinceau est facultatif, si vous n'en avez pas, utilisez simplement vos doigts. Pour cranter la pâte, placez votre index à l'intérieur le long du pourtour de la pâte, et faites délicatement de petites incisions avec le couteau jusqu'à ce qu'il bute sur votre doigt. Renouvelez l'opération sur tout le pourtour.

Glaces et smoothies

Pour 4
Préparation : 5 min
Difficulté : * *
€ € € €

- 1 mixeur
- 4 verres ou verrines

INGRÉDIENTS :

- 200 g de framboises surgelées
- 12,5 cl de lait concentré non sucré
- 1 cuil. à soupe de sucre ou d'édulcorant en poudre

Sorbet minute
à la framboise (sans sorbetière)

Dans le bol du robot, versez les framboises surgelées. Mixez en incorporant le lait concentré et le sucre ou l'édulcorant.

La préparation va se transformer en glace plus ou moins épaisse. Pour l'épaissir davantage, ajoutez des framboises surgelées. Pour la rendre plus fondante, ajoutez un peu de lait. Servez dans des verrines et dégustez sans attendre.

Pour 4
Préparation : 15 min
Difficulté : * *
€ € € €

- 1 blender
- 4 verres

INGRÉDIENTS :

- 2 bananes
- 20 cl de lait de coco
- 8 glaçons

Milk-shake banane
& noix de coco

Pelez les bananes et coupez-les en morceaux. Déposez dans le bol du blender les morceaux de bananes et les glaçons.

Versez le lait de coco et mixez longuement.

Servez dans des verres individuels et dégustez.

GLACES ET SMOOTHIES

Pour 4
Préparation : 5 min
Difficulté : *
€ € € €

- 1 mixeur
- 1 chinois

INGRÉDIENTS :

- 20 cl de lait de coco
- 150 g de framboises
- 250 g de litchis au sirop égouttés + 10 cl de jus
- 35 g de cassonade

Smoothie coco, litchi & framboise

Mettez dans le bol d'un mixeur le lait de coco, les litchis, les framboises, le jus de litchis et le sucre.

Mixez pendant 1 minute jusqu'à obtenir un mélange homogène. Filtrez la préparation au chinois. Jetez les résidus. Servez frais.

Pour 4
Préparation : 6 min
Difficulté : *
€ € € €

- 1 mixeur

INGRÉDIENTS :

- 40 cl de lait
- 6 boules de sorbet à la mangue
- 1 mangue
- sucre (facultatif)
- chantilly maison ou déjà prête (facultatif)

Milk-shake à la mangue

Pelez et coupez la mangue en morceaux. Mixez le lait, le sorbet et la mangue. Goûtez, ajoutez un peu de sucre si besoin.

Versez dans 4 verres. Coiffez éventuellement de chantilly. Servez sans attendre.

Vous pouvez aussi utiliser du lait de soja nature ou à la vanille.

Pour 4
Préparation : 5 min
Congélation : 30 min (en sorbetière) à 6 h
Difficulté : * *

- 1 casserole
- 1 saladier
- 1 fouet
- 1 sorbetière

INGRÉDIENTS :

- 200 g de sucre en poudre
- 400 g de fromage blanc à 40 %
- 2 c. à s. de sirop de rose

Glace au fromage blanc à la rose

Faites fondre le sucre dans une casserole avec 25 cl d'eau et portez à ébullition. Retirez du feu et laissez refroidir.

Pendant ce temps, fouettez le fromage blanc et incorporez le sirop de rose, puis le sirop de sucre sans cesser de remuer. Versez dans la sorbetière et faites glacer selon les instructions du fabricant. Si vous ne possédez pas de sorbetière, faites durcir le mélange au congélateur dans une boîte plastique hermétique. Dans ce cas, remuez régulièrement le fromage blanc pendant le temps de glaçage.

Sortez la glace 5 minutes avant de former des boules avec une cuillère à glace.

Pour 4
Préparation : 10 min
Réfrigération : 1 h
Cuisson : 15 à 18 min
Difficulté : * *

- 1 mixeur
- papier sulfurisé
- 1 plaque à pâtisserie

INGRÉDIENTS :

- 230 g de beurre mou
- 150 g de sucre
- 1 œuf
- 2 gouttes d'huile essentielle de lavande
- 350 g de farine
- 1 c. à s. rase de fleurs de lavande

Biscuits à la lavande

Mettez le beurre et le sucre dans le bol du mixeur et battez environ 2 minutes afin que le mélange blanchisse. Incorporez l'œuf entier et les gouttes d'huile essentielle de lavande. Battez à nouveau et ajoutez tout doucement la farine, puis les fleurs de lavande. Débarrassez sur une feuille de papier sulfurisé et formez un boudin en refermant le papier sur la pâte. Placez au réfrigérateur pendant 1 heure.

Préchauffez le four à 180 °C (th. 6). Sortez la pâte du froid et coupez dans le boudin des tranches de 5 mm d'épaisseur. Disposez les biscuits sur une plaque à pâtisserie recouverte de papier sulfurisé et enfournez pour une quinzaine de minutes jusqu'à ce que le bord des biscuits soit joliment doré. Laissez refroidir sur une grille.

Smoothie betterave orange

Pour 4
Préparation : 10 min
Difficulté : * *
€

- 1 robot blender

INGRÉDIENTS :

- 2 petites betteraves cuites et pelées (250 g)
- 2 yaourts à la grecque (300 g)
- 4 glaçons
- 20 cl de jus d'orange fraîchement pressé
- 4 pincées de gingembre moulu

Coupez la chair des betteraves en cubes et mettez-les dans le robot.

Ajoutez les glaçons, les yaourts, le jus d'orange et le gingembre.

Mixez jusqu'à consistance mousseuse.

Servez immédiatement dans de grands verres avec des pailles.

Smoothie melon citron gingembre et poivre

Pour 4
Préparation : 10 min
Difficulté : * *
€

- 1 robot blender

INGRÉDIENTS :

- 1 melon
- 400 g de fromage blanc
- 2 cuil. à soupe de jus de citron
- 4 glaçons
- 6 pincées de gingembre moulu
- 4 tours de moulin à poivre

Lavez le melon, coupez-le en deux et retirez les graines à l'aide d'une grande cuillère.

Coupez chaque demi-melon en deux et enlevez la peau. Détaillez la chair en cubes, mettez-les dans le robot.

Ajoutez les glaçons, le fromage blanc, le jus de citron, le gingembre et le poivre. Mixez jusqu'à consistance mousseuse.

Goûtez et rectifiez éventuellement l'assaisonnement. Servez immédiatement dans de grands verres avec des pailles.

Lassi à la framboise
et à l'eau de rose

Pour 4
Préparation : 5 min
Difficulté : * *

- 1 robot blender

INGRÉDIENTS :

- 75 cl de lait fermenté (lait ribot, au rayon frais)
- 125 g de framboises
- 2 cuil. à soupe d'eau de rose
- 6 glaçons

Mettez tous les ingrédients dans le bol de votre robot.

Mixez jusqu'à consistance mousseuse.

Servez immédiatement dans de grands verres avec des pailles.

Soupe de fraises
à l'hibiscus

Pour 4
Préparation : 15 min
Cuisson : 5 min
Difficulté : * *

- 1 casserole
- 1 passoire
- 1 bol

INGRÉDIENTS :

- 30 cl d'eau
- 2 cuil. à soupe de miel liquide
- 1 cuil. à café bombée de fleurs séchées d'hibiscus
- 1 gousse de vanille
- 2 tours de moulin à poivre
- 600 g de fraises

Versez l'eau, le miel, le poivre et les fleurs d'hibiscus dans une casserole. Ouvrez la gousse de vanille en deux, grattez les graines avec la pointe d'un couteau et mettez-les dans la casserole avec la gousse. Portez à ébullition sur feu doux.

Retirez la casserole du feu, couvrez et laissez infuser pendant 20 minutes. Filtrez au-dessus du bol et laissez refroidir.

Pendant ce temps, lavez et équeutez les fraises, coupez-les en deux. Mettez-les dans le sirop refroidi. Couvrez et laissez reposer au frais, jusqu'au moment de servir.

Limonade à la pastèque

Pour 4
Préparation : 5 min
Difficulté : * *
€

- 1 robot blender

INGRÉDIENTS :

- 1/8 de pastèque
- 50 cl de limonade nature
- 4 glaçons

Prélevez la chair de la pastèque, retirez les graines et pesez 400 g de chair.

Mixez dans votre robot, puis versez dans une carafe.

Ajoutez la limonade, les glaçons, mélangez et servez.

Soupe d'agrumes à la badiane

Pour 4
Préparation : 25 min
Cuisson : 5 min
Difficulté : * *
€

- 1 zesteur ou 1 râpe à zeste
- 1 planche
- 1 casserole
- 2 bols
- 1 passoire

INGRÉDIENTS :

- 1 pamplemousse
- 4 oranges
- 1 citron vert
- 3 cuil. à soupe de sirop de sucre de canne
- 1 étoile de badiane
- 1/2 cuil. à café rase de cannelle moulue

Rapez le zeste d'1 orange et du citron vert et réservez. Retirez les extrémités des oranges et du pamplemousse, afin qu'ils tiennent droit sur la planche. À l'aide d'un couteau, retirez la peau en plusieurs fois, de haut en bas, en suivant l'arrondi du fruit. Ôtez éventuellement le reste de peau blanche.

Au-dessus du bol, passez le couteau entre la membrane et la chair de chaque segment, afin de libérer les suprêmes. À la fin, pressez les membranes pour récupérer le jus.

Égouttez les suprêmes en conservant le jus. Ajoutez le jus du demi-citron vert. Vous devez obtenir environ 20 cl de liquide, sinon complétez avec du jus d'orange. Versez le jus dans une casserole, ajoutez les zestes, le sirop de sucre de canne, la badiane et la cannelle. Portez à ébullition, baissez le feu et laissez frémir 5 minutes.

Versez dans le second bol et laissez tiédir 15 minutes. Ajoutez les fruits, couvrez et conservez au frais quelques heures. Au moment de servir, retirez l'étoile de badiane.

Jus minute
pomme raisin

Pour 4
Préparation : 5 min
Difficulté : * *
€ € € €

- 1 planche
- 1 centrifugeuse
- 1 récipient

INGRÉDIENTS :

- 4 pommes
- 300 g de grains de raisin blanc

Lavez les fruits. Coupez les pommes en quatre, sans les peler.

Mettez la centrifugeuse en route. Ajoutez progressivement les morceaux de pomme et les grains de raisin, après avoir pris soin de mettre un récipient à l'endroit où s'écoule le liquide.

Lorsque les fruits sont passés, laissez tourner la centrifugeuse jusqu'à ce que le jus soit entièrement écoulé.

Servez aussitôt.

Smoothie nectarines

Pour 4
Préparation : 5 min
Difficulté : * *
€ € € €

- 1 robot blender
- 1 planche

INGRÉDIENTS :

- 6 glaçons
- 4 nectarines
- 1 cuil. à soupe de miel (facultatif)
- 3 yaourts de type veloutés

Lavez les nectarines et pelez-les.

Coupez-les en deux, retirez le noyau, taillez la chair en gros cubes.

Mettez dans le bol de votre robot tous les ingrédients.

Mixez jusqu'à ce que la consistance devienne mousseuse et servez aussitôt.

Glace à la vanille

Pour 4 (environ 1 l)
Préparation : 15 min
Infusion : 10 min
Cuisson : 10 min
Congélation : selon votre appareil
Difficulté : * *
€

- 1 casserole
- 1 saladier
- 1 fouet
- 1 mixeur plongeant
- 1 sorbetière (ou turbine à glace)

INGRÉDIENTS :

- 2 gousses de vanille
- 50 cl de lait
- 10 cl de crème liquide
- 6 jaunes d'œufs
- 120 g de sucre

Portez le lait à ébullition avec la moitié du sucre et les gousses de vanille fendues en 2 et grattées. Coupez le feu et laissez infuser pendant au moins 10 minutes.

Dans un saladier, battez les jaunes d'œufs avec le restant du sucre.

Retirez les gousses de vanille du lait, remettez la casserole sur le feu et, lorsque le lait est bouillant, versez-le sur le mélange œufs-sucre. Remettez le tout sur feu doux et remuez jusqu'à ce que la préparation épaississe (attention à ne pas faire bouillir).

Versez dans un saladier, ajoutez la crème liquide et mixez. Laissez refroidir. Versez la préparation dans votre sorbetière, que vous utiliserez selon le mode d'emploi.

variante

Remplacez les gousses de vanille par 1 bâton de cannelle.

truc de glacier

En remplaçant un quart du lait par du lait concentré, vous améliorerez la texture de la glace.

Pour 4 (environ 1 l)
Préparation : 15 min
Infusion : 10 min
Cuisson : 15 min
Congélation : selon votre appareil
Difficulté : * *

- 1 casserole
- 1 saladier
- 1 fouet
- 1 passoire
- 1 mixeur plongeant
- 1 sorbetière (ou turbine à glace)

INGRÉDIENTS :

- 40 g de café en grains
- 50 cl de lait
- 10 cl de crème liquide
- 5 jaunes d'œufs
- 100 g de sucre
- 1 cuil. à soupe de café soluble

Glace au café

Portez le lait à ébullition avec la moitié du sucre. Ajoutez le café en grains préalablement concassé. Laissez infuser pendant au moins 10 minutes. Filtrez à travers une passoire fine de manière à retirer les grains de café.

Dans un saladier, battez les jaunes d'œufs avec le restant du sucre.

Remettez la casserole sur le feu et, lorsque le lait est bouillant, versez-le sur le mélange œufs-sucre. Remettez le tout sur feu doux et remuez jusqu'à ce que la préparation épaississe (attention à ne pas faire bouillir). Versez dans un saladier, ajoutez la crème liquide et le café soluble, puis mixez. Faites refroidir.

Versez la préparation dans votre sorbetière, que vous utiliserez selon le mode d'emploi.

variante

Remplacez le café par de la chicorée.

truc de glacier

Utilisez du lait entier pour un résultat plus gourmand.

Pour 4 (environ 1 l)
Préparation : 15 min
Cuisson : 5 min
Congélation : selon votre appareil
Difficulté : * *
€

- 1 casserole
- 1 saladier
- 1 zesteur
- 1 presse-agrumes
- 1 mixeur plongeant
- 1 passoire fine
- 1 sorbetière (ou turbine à glace)

INGRÉDIENTS :

- 8 citrons jaunes non traités
- 220 g de sucre
- 50 cl d'eau

Sorbet au citron

Lavez tous les citrons. Prélevez les zestes de 2 citrons, hachez-les finement.

Pressez les citrons afin d'en prélever le jus. Recueillez 25 cl de jus.

Portez à ébullition l'eau avec le sucre et les zestes, laissez refroidir, ajoutez le jus de citron, mixez puis filtrez à travers une passoire fine.

Versez la préparation dans votre sorbetière, que vous utiliserez selon le mode d'emploi.

variante

Remplacez un quart du jus de citron par la même quantité de jus de yuzu (agrume japonais), vous donnerez ainsi un peu plus de finesse au sorbet (vous trouverez le jus de yuzu dans des épiceries asiatiques).

truc de glacier

Ajoutez 40 g de poudre de lait dans le sirop, vous améliorerez ainsi la texture du sorbet et en diminuerez l'acidité.

Pour 4 (environ 1 l)
Préparation : 15 min
Cuisson : 5 min
Congélation : selon votre appareil
Difficulté : * *

- 1 casserole
- 1 saladier
- 1 passoire fine
- 1 mixeur plongeant
- 1 sorbetière (ou turbine à glace)

INGRÉDIENTS :

- 5 pommes vertes
- le jus d'1 citron jaune
- 150 g de sucre
- 5 cl de manzana
- 20 cl d'eau

Sorbet à la pomme verte

Lavez les pommes, coupez-les en 4, puis retirez les pépins. Mixez-les avec le jus de citron. Passez à travers une passoire fine. Prélevez 50 cl de jus de pommes.

Dans une casserole, portez à ébullition l'eau et le sucre. Laissez refroidir, puis mélangez avec le jus de pommes et la manzana.

Versez la préparation dans votre sorbetière, que vous utiliserez selon le mode d'emploi.

Pour 4 (environ 1 l)
Préparation : 15 min
Cuisson : 5 min
Congélation : selon votre appareil
Difficulté : * *

- 1 casserole • 1 saladier
- 1 économe • 1 zesteur
- 1 mixeur plongeant
- 1 sorbetière (ou turbine à glace)

INGRÉDIENTS :

- 1 noix de coco
- 25 cl de lait de coco
- 50 cl de lait
- 100 g de sucre
- 1 citron vert non traité

Sorbet à la noix de coco

Lavez le citron vert, prélevez les zestes, puis hachez-les finement. Cassez la noix de coco, retirez la coque puis la peau marron à l'aide d'un couteau Économe. Mixez la chair de noix de coco.

Portez à ébullition le lait de coco avec le lait et le sucre. Ajoutez la noix de coco, mixez à nouveau, puis ajoutez les zestes du citron vert et mélangez.

Versez la préparation dans votre sorbetière, que vous utiliserez selon le mode d'emploi.

Sorbet mangue-passion

Pour 4 (environ 1 l)
Préparation : 15 min
Cuisson : 5 min
Congélation : selon votre appareil
Difficulté : * *
€ € € €

- 1 casserole
- 1 saladier
- 1 mixeur plongeant
- 1 passoire fine
- 1 sorbetière (ou turbine à glace)

INGRÉDIENTS :

- 2 mangues bien mûres
- 10 cl de jus de fruits de la passion
- 20 cl d'eau
- 120 g de sucre
- le jus d'1/2 citron vert

Épluchez les mangues, prélevez la chair, puis mixez-la. Pesez 400 g de purée de mangue.

Portez à ébullition l'eau avec le sucre, ajoutez le jus de fruits de la passion ainsi que le jus de citron.

Mixez, puis passez à travers une passoire fine. Faites refroidir.

Versez la préparation dans votre sorbetière, que vous utiliserez selon le mode d'emploi.

variante

Remplacez la moitié de la purée de mangue par de la purée de banane.

truc de glacier

Ajoutez 5 cl de Passoa®, l'alcool va renforcer le goût du sorbet et empêcher la glace de trop cristalliser.

Sorbet cassis
aux brisures de meringue

Pour 4 (environ 1 l)
Préparation : 15 min
Cuisson : 5 min
Congélation : selon votre appareil
Difficulté : * *
€ € € €

- 1 casserole
- 1 saladier
- 1 mixeur plongeant
- 1 passoire fine
- 1 sorbetière (ou turbine à glace)

INGRÉDIENTS :

- 500 g de cassis
- 12 petites meringues
- 250 g de sucre
- le jus d'1/2 citron jaune
- 40 cl d'eau

Cassez les meringues en petits morceaux.

Dans une casserole, portez à ébullition l'eau avec le sucre. Laissez refroidir ce sirop.

Mixez les cassis avec le sirop froid et le jus du demi-citron. Passez à travers une passoire fine.

Versez la préparation dans votre sorbetière, que vous utiliserez selon le mode d'emploi. À la moitié du temps de refroidissement, ajoutez les brisures de meringue.

variante

Remplacez les brisures de meringue par des cubes de citron confit.

truc de glacier

Ajoutez 5 cl de crème de cassis. En plus de renforcer le goût, l'alcool améliorera la texture du sorbet.

Glace aux pralines

Pour 4 (environ 1 l)
Préparation : 15 min
Cuisson : 10 min
Congélation : selon votre appareil
Difficulté : * *

- 1 casserole
- 1 saladier
- 1 fouet
- 1 mixeur plongeant
- 1 sorbetière (ou turbine à glace)

INGRÉDIENTS :

- 50 cl de lait
- 10 cl de crème liquide
- 200 g de pralines roses
- 4 jaunes d'œufs
- 80 g de sucre

Portez le lait à ébullition avec la crème et la moitié du sucre. Hachez les pralines en petits morceaux.

Dans un saladier, battez les jaunes d'œufs avec le restant du sucre.

Lorsque le lait est bouillant, versez-le sur la préparation œufs-sucre. Remettez le tout sur feu doux et remuez jusqu'à ce que le mélange épaississe (attention à ne pas faire bouillir). Versez dans un saladier, ajoutez les pralines, mixez. Laissez refroidir.

Versez la préparation dans votre sorbetière, que vous utiliserez selon le mode d'emploi.

Glace au spéculoos

Pour 4 (environ 1 l)
Préparation : 15 min
Cuisson : 10 min
Congélation : selon votre appareil
Difficulté : * *

- 1 casserole
- 1 saladier
- 1 fouet
- 1 mixeur plongeant
- 1 sorbetière (ou turbine à glace)

INGRÉDIENTS :

- 100 g de pâte de spéculoos
- 50 cl de lait
- 10 cl de crème liquide
- 6 jaunes d'œufs
- 100 g de sucre

Portez le lait à ébullition avec la moitié du sucre. Dans un saladier, battez les jaunes d'œufs avec le restant du sucre.

Lorsque le lait est bouillant, versez-le sur le mélange œufs-sucre. Remettez le tout sur feu doux et remuez jusqu'à ce que le mélange épaississe (attention à ne pas faire bouillir). Versez dans un saladier, ajoutez la crème ainsi que la pâte de spéculoos, mixez. Laissez refroidir.

Versez la préparation dans votre sorbetière, que vous utiliserez selon le mode d'emploi.

Pour 4
Préparation : 15 min
Cuisson : 2 min
Congélation : 2 h
Difficulté : * *

- 2 saladiers
- 1 fouet
- 1 casserole
- 1 batteur électrique
- papier sulfurisé
- 1 spatule
- 4 petits ramequins à soufflé

INGRÉDIENTS :

- 100 g de sucre à barbe à papa (+ pour le décor)
- 30 cl de crème fleurette
- 3 blancs d'œufs
- 50 g de sucre
- 2 feuilles de gélatine (4 g)

Soufflés glacés à la barbe à papa

Faites tremper les feuilles de gélatine dans un grand volume d'eau froide. Montez 25 cl de crème liquide en chantilly à l'aide d'un fouet.

Dans un saladier, montez les blancs d'œufs en neige, puis versez petit à petit le sucre. Incorporez ensuite le sucre à barbe à papa.

Faites chauffer le restant de crème, ajoutez la gélatine essorée, mélangez. Intégrez aux blancs d'œufs montés en neige. Incorporez ensuite la crème Chantilly.

Placez des bandes de papier sulfurisé à l'intérieur des ramequins (de 3 cm plus haut que les moules). Garnissez les soufflés à hauteur des papiers sulfurisés. Lissez si besoin avec une spatule. Placez les soufflés au moins 2 heures au congélateur. Au moment de servir, retirez les bandes de papier sulfurisé et saupoudrez de sucre à barbe à papa.

variante

Ajoutez 1 cuillerée à soupe de confiture de fraises dans chaque soufflé.

truc de glacier

Vous pouvez remplacer les bandes de papier sulfurisé par des cercles en inox, que vous placerez par-dessus les moules. Il vous suffira simplement de les chauffer pour les retirer au moment de servir.

Index

Index général

Index par rubriques

Apéro & snack

Entrées

Plats

Desserts

Index par ingrédients

CRÉDITS TEXTES

Recettes de Maya Barakat-Nuq : pages 10, 14, 16, 40, 44, 46, 48, 58, 120, 122, 124, 126, 138, 140, 142, 178.

Recettes de Camille Chaptal : page 38.

Recettes de Marie Chemorin : pages 90, 92.

Recettes de Marjolaine Daguerre : pages 12, 56, 60, 80, 98, 100, 104, 108, 110, 112, 152, 154, 196, 202.

Recettes de Myriam Darmoni : pages 114, 116.

Recettes de Thomas Feller : pages 54, 70, 72.

Recettes de Florent Margaillan : pages 214, 216, 218, 220, 222, 224, 226, 228.

Recettes d'Héloïse Martel : pages 82, 84, 86.

Recettes de Virginie Michelin : pages 20, 22, 26, 28, 30, 32, 34, 64.

Recettes de Thierry Roussillon : pages 52, 96, 146, 162, 168, 192, 194, 200.

Recettes de Julie Schwob : pages 24, 42, 66, 68, 180, 182.

Recettes de Julie Soucail : pages 18, 36, 102, 106, 118, 134, 136, 148, 150, 164, 166, 170, 172, 174.

Recettes de Monique Tissot : pages 74, 76.

Recettes de Pascale Weeks : pages 156, 176, 188, 190, 206, 208, 210, 212.

Recettes de Caroline Wietzel : pages 62, 78, 88, 128, 130, 132, 158, 160, 184, 186, 204.

CRÉDITS PHOTOS ET STYLISME

Photographies de Betül Balkan, stylisme de Judith Clavel : pages 11, 15, 17, 41, 45, 59, 139, 141, 143, 179.

Photographies de Martin Balme, stylisme d'AnneCé Bretin : pages 193, 195.

Photographies de Julie Charles, stylisme de Caroline Pessin : pages 13, 57, 61, 81, 99, 101, 105, 109, 111, 113, 153, 155, 197, 203.

Photographie de Pierre Chivoret, stylisme d'Alexia Janny : page 39.

Photographies de Denys Clément, stylisme d'Isabelle Dreyfus : pages 55, 71, 73.

Photographies de Guillaume Czerw, stylisme de Virginie Michelin : pages 21, 23, 27, 29, 31, 33, 35, 65.

Photographies de Guillaume Czerw, stylisme d'Emmanuel Renault : pages 47, 49.

Photographies de Guillaume Czerw, stylisme de Julie Schwob : pages 25, 43, 53, 67, 69, 75, 77, 97, 147, 163, 169, 181, 183, 201, 215, 217, 219, 221, 223, 225, 227, 229.

Photographies d'Aline Princet, stylisme de Motoko Okuno : pages 189, 191, 207, 209, 211, 213.

Photographie de Bernard Radvaner, stylisme d'Anne-Sophie Lhomme : page 83, 85, 87.

Photographies d'Amélie Roche, stylisme de Manuella Chantepie : pages 91, 93, 115, 117, 121, 123, 125, 127, 157, 177.

Photographies Philippe Vaurès Santamaria, stylisme de Caroline Wietzel : pages 63, 79, 89, 129, 131, 133, 159, 161, 185, 187, 205.

Photographies de Fabrice Veigas, stylisme de Julie Soucail : pages 19, 37, 103, 107, 119, 135, 137, 149, 151, 165, 167, 171, 173, 175.